古典文獻研究輯刊

二六編

潘美月・杜潔祥 主編

第 16 冊

張有《復古編》綜合研究（上）

邱 永 祺 著

國家圖書館出版品預行編目資料

張有《復古編》綜合研究（上）／邱永祺 著 ─ 初版 ─ 新北市：
花木蘭文化事業有限公司，2018〔民107〕
序 2+ 目 4+158 面；19×26 公分
（古典文獻研究輯刊 二六編；第 16 冊）
ISBN 978-986-485-360-1（精裝）
1. 漢語文字學

011.08   107001776

ISBN-978-986-485-360-1

9 789864 853601

古典文獻研究輯刊
二六編　第十六冊　　　　　　　　ISBN：978-986-485-360-1

張有《復古編》綜合研究（上）

作　　　者	邱永祺
主　　　編	潘美月　杜潔祥
總 編 輯	杜潔祥
副總編輯	楊嘉樂
編　　　輯	許郁翎、王筑　美術編輯　陳逸婷
企劃出版	北京大學文化資源研究中心
出　　　版	花木蘭文化事業有限公司
發 行 人	高小娟
聯絡地址	235 新北市中和區中安街七二號十三樓
	電話：02-2923-1455 ／傳眞：02-2923-1452
網　　　址	http://www.huamulan.tw 信箱 hml810518@gmail.com
印　　　刷	普羅文化出版廣告事業
初　　　版	2018 年 3 月
全書字數	209422 字
定　　　價	二六編 25 冊（精裝）新台幣 48,000 元

張有《復古編》綜合研究（上）

邱永祺 著

作者簡介

邱永祺，臺灣新北人。臺北市立大學中語系博士、碩士，銘傳大學應中系學士。師承許錟輝教授。專長爲文字學、字樣學、清代小學、詞典學。著有《畢沅生平及其小學研究》、《張有《復古編》綜合研究》、〈《字鑑》編輯觀念探述〉、〈畢沅《經典文字辨證書》字樣觀析探〉等。

提　　要

　　《復古編》是宋代文字學的重要著作，該書的字學觀念，對後世影響深遠，特別是其總據《說文》以端正俗譌誤字之用心，是今日字樣書籍之楷模。因此本論文將以《復古編》之內容體例與字例進行歸納與解析，從字樣、辨似、異體等角度，探究其中的字學理論；另對「聯緜字」進行分析，探討五十八組字例之性質。本論文分作六部分。

　　首先，說明研究動機、目的、方法與步驟，搜羅前人相關研究成果，進行歸納與分類，探尋前人研究之不足，補正闕漏；其次，搜羅作者生平與著作，整理國內外各種《復古編》版本，推溯各版本之源流與出處，並介紹元代相關繼踵之作；再次，梳理與《復古編》同期相關資料，分析《復古編》正文與附錄之編輯體例，考察二者之異同，整理編輯用語之差異；再者，分別從六書、辨似、字樣、異體四方面切入，先闡述該理論之定義，再梳理歷來相關概念，接著分析《復古編》，探明該書蘊含之豐富字學理念，並析論《復古編》與其他字樣書之異同。此外，單就《復古編》之聯緜字例作析論，於此之前，先介紹聯緜字之來歷與種類，後針對《復古編》附錄之「聯緜字」一類五十八組字例，作字義、字形、字音三方面的分析，從此分析中，整理出張有單列此類之用心；最後，總結前面的研究成果，闡述由《復古編》所得到之各種理念與觀念，對未來各種字學與聯緜字研究提出願景。

序

　　現今文字學界的研究以出土文字為熱門，傳統字書顯得勢微，兩千多年來積累眾多的字書，雖有諸多先賢、師長與前輩費畢生精力鑽研，但仍有許多是被埋沒的，應當有人接棒，繼續深入探索。既然現在有許多出土文字可資參校，那麼過去古人受限所見而撰寫的作品，就應當有人幫助斟酌，不然就浪費了前人的心血，對學術的整體發展，亦非良事，於是再三思索後，選擇以《復古編》作為研究對象。

　　回首自己當年的文字，不論敘述或想法，皆有尚待改進之處。本想大幅更動結構、重新排列，幾經考量後，決定先自用字遣詞著手，仔細審訂內文，一一修正訛字、謬詞、誤句，望能文從字順，次而校對引文，確認原文風貌，不妄刪改。最後，依舊保留當年的論文架構，因為這是我的過去，勇於面對，方能改善，才會進步。已盡力改正闕失，如有疏漏，還請方家不吝指教。

　　感謝所有關懷、鼓勵我的親朋好友，沒有你們的加油，我做不到；也感謝一路上不看好我的人，沒有你們的看輕，我更無法完成。我會賡續研究文字學，探索前人未知的領域，希冀能留下聲名於後，也不枉這些年的付出了。

中華民國一〇七年一月七日

邱永祺謹誌於新莊

上 冊

序

凡 例

目
次

凡　例

一、本論文正文與附錄引用《復古編》，據臺灣商務印書館影印原藏涵芬樓之
　　影宋抄本，佐以元至正六年吳志淳好古齋仿宋大字刊本、清同光間翻刻
　　乾隆四十六年安邑葛鳴陽本；篆字字形摘自影宋抄本。
二、本論文援引典籍，若有省稱，《詩經》作《詩》；《尚書》作《書》；《易經》
　　作《易》；宋代徐鉉校訂之《說文解字》作《說文》，或作大徐本；清代
　　段玉裁注解之《說文解字》作段注本；《昭明文選》作《文選》；《大宋重
　　修廣韻》作《廣韻》；宋代陳彭年等重修《大廣益會玉篇》作《玉篇》。
三、本論文引用書名、內容，為求真實，句讀、訛字，皆以原文風貌呈現，
　　唯加新式標點符號，以利閱讀。
四、本論文引用古書之原文注解，為便利閱讀，皆以「（原注：）」形式，直
　　接置於引文中，原書作：「張有《復古編》二卷。_{有字謙仲，吳興 人，湖州省板}」，本文則
　　以「張有《復古編》二卷（原注：有字謙仲，吳興人，湖州省板）」方式
　　呈現。
五、本論文每有筆者自作分析與探討之處，均標誌「祺謹按」，以與前賢案語
　　區別。

第一章 緒 論

第一節 研究動機與目的

壹、研究動機

　　宋代自太祖趙匡胤訂定「重文輕武」、「重內輕外」兩大治國方針，國家武力就一直積弱不振，但這樣的方向，對於經濟與文化的繁榮，卻是很大的助益。

　　歷來談及宋代學術，首先提及的是理學思想，但其實不論是官修《類篇》，或私撰如：郭忠恕《佩觿》、張有《復古編》、李從周《字通》等，文字學在宋代學術史上是占有舉足輕重之地位。孔仲溫曾說：「宋代的文字學比聲韻學、訓詁學發達，不僅參與整理研究的學者最多，著作最豐富，成果也最輝煌。」〔註1〕皮錫瑞《經學歷史》曰：

> 經學自唐以至宋初，已陵夷衰微矣。然篤守古義，無取新奇；各承師傳，不憑胸臆……可見宋初篤實之風。乃不久而風氣遂變。《困學紀聞》云：「自漢儒至於慶曆間，談經者守訓故而不鑿。《七經小傳》出而稍尚新奇矣。至《三經義》行，視漢儒之學若土梗。」〔註2〕

　　宋代經學是採「疑古」、「尚新」的態度，當代顯學「經學」的學術風氣

〔註1〕孔仲溫著：〈宋代文字學〉，《國文天地》（臺北：國文天地雜誌社，民國76年8月第3卷3期），頁73。

〔註2〕〔清〕皮錫瑞著：《經學歷史》（臺北：藝文印書館，民國93年3月），頁237。皮氏原注此說出自〔宋〕王應麟著：《困學紀聞·卷八·經說》。

是如此，文字學自然也深受影響，如王安石撰《字說》、王聖美創「右文說」等。既有「疑古」，當然也有「崇古」，《復古編》正是宋代一本相當特別的字書，是首先高倡「復古」口號的字書，對於宋代文字學、字樣學的發展影響深遠，是為「崇古派」之代表。

林尹曾說過：

> 中國文字學是研究中國文字的科學，它的任務在說明中國文字發生、演進和特性；探討中國文字構造的法則和運用的條理；了解中國文字在形體、聲音、意義上的特殊關係；從而明白中國文字的前途與中國文字學發展的方向。〔註3〕

中國文字學重視形、音、義三者關係，《復古編》最重視漢字形體上的變異，故欲了解宋代文字學，對於《復古編》的研究自是必要的。

筆者翻閱歷來書目輯錄的相關資料，發現在諸多前賢的文字著作與相關論文中，對北宋張有所撰《復古編》的研究，著重在幾方面：

一、說明《復古編》內容與作者張有，或是介紹《復古編》續修之書，如：李建國《漢語訓詁學史》、《漢語規範史略》，張其昀《中國文字學史》、《「說文學」源流考略》，趙振鐸《中國語言學史》，劉葉秋《中國字典史略》，姜聿華《中國傳統語言學要籍述論》；更有朱星、于寶賢等《中國語言學史》、班弨《中國語言文字學通史》、雍和明等《中國辭典史論》、鄧文彬《中國古代語言學史》等書，只以短短幾行簡單帶過。

二、引用幾則關於《復古編》的序、跋及其書字例，評論《復古編》，如：謝啓昆《小學考》、胡樸安《中國文字學史》、黨懷興《宋元明六書研究》、黃德寬、陳秉新《漢語文字學史》等。

三、是將《復古編》視為「字樣」規範的書籍，述說《復古編》強烈的字樣辨正觀念，如：曾榮汾師《字樣學研究》、陳姞淨《《佩觿》字樣理論研究》等。

四、以《復古編》「聯緜字」一類為部分探討主題，分析張有所提五十八組字例，簡要說明《復古編》聯緜字性質，如：黨懷興《宋元明六書研究》、陳玉玲《漢賦聯綿詞研究》。

五、對《復古編》所辨正之字形分類，全面統計《復古編》字例，將《復古編》的「漢字規範」特性以數據呈現證明，如：范可育等《楷字規範史略》。

〔註3〕林尹著：《文字學概說》（臺北：正中書局，民國60年12月），頁31。

從以上所列各家學者、前賢的研究成果可知，諸家學者已自不同觀點對《復古編》一書進行研究與論述，但仍缺乏完整地探討研究。是故，筆者將重新匯集整理前賢諸說，分析《復古編》內容與張有其人，試將《復古編》這本宋代相當重要的字書，自文字學、辭典學、六書學、辨似學、字樣學、異體字等不同角度，作全面性的研究，以明其於各種字學理論的價值。

貳、研究目的

本論文以北宋張有《復古編》作為研究主題。《復古編》一書有著嚴格的字樣觀念，正是研究宋代文字學、字樣學、訓詁學、六書學、說文學、篆字歷史等方面相當重要的資料寶庫。本文研究目的有八：

一、匯集整理前賢諸說，交叉比對，分析目前《復古編》之研究概況。

二、考察張有生平及傳承，一探北宋文字學發展及張有學術態度，作為研究《復古編》之重要基礎。

三、研究張有編輯《復古編》的觀點與作法，以明全書編著體例。

四、分析張有六書觀念，以知其六書觀之價值、前承與後啟。

五、分類《復古編》中字形辨似字、異體字的形似之處並歸納整理。

六、整理《復古編》全書所收的字樣資料，包含《復古編》附錄六門，探析字樣源流與學理。

七、考究《復古編》附錄六門之一「聯緜字」，據張有所舉五十八組字例，作定義的闡述，並自此定義作聯緜字的分類，以明張有首創「聯緜字」之用心。

八、深究《復古編》之得失，闡明張有與《復古編》在中國文字學史與宋代學術史的價值與貢獻。

第二節　研究方法與步驟

壹、研究方法

本文將利用以下方法進行研究：

一、資料建檔法

（一）將《復古編》及相關參考資料，分為序跋提要、版本、字樣、目

錄、作者、編輯、內容等項，建立電子檔。

　　（二）將全書所收篆字頭之圖檔掃瞄、裁剪，再將注中所載之異體字形考證來源，將其字源資料及相關研究文獻，利用圖書目錄學觀念建立成電子資料庫。

二、比較分析法

　　（一）爬梳歷來學者所著錄之《復古編》相關文獻史料，依時代先後順序整理，製成電子檔。

　　（二）針對張有其人之生平與學術，蒐羅各類史傳、學案、序跋、讀書志、文集、地方志相關資料，綜合比較張有生平經歷與學術足跡。

　　（三）利用版本目錄學的概念，自歷代官修、私纂之藏書目錄中挖掘整理，再用現代電子資料庫檢索，綜合比較《復古編》版本之流傳情形。

　　（四）蒐集歷來關於「聯緜字」之文獻與研究，再將《復古編》58 組「聯緜字」字例溯源，兩相比較，考察張有對於「聯緜字」的定義及舉例之標準。

　　（五）整理《復古編》全書編輯用語，分析比較各用語使用之差異，彙釋各用語之用法與字例舉隅。

　　（六）將《復古編》全書正字以外的「異體字」，根據楷書的筆畫結構分析，製成字表，並統計各類「異體字」與正字構形之差異比率。

三、學理考證法

　　（一）編輯方面：以辭典編輯學概念，細察《復古編》全書編輯體例，辨別其性質與層次。

　　（二）字樣方面：

　　　　1、考證歷來字書，將張有《復古編》所收字溯本歸源，建立《復古編》字樣觀。

　　　　2、據《復古編》「字樣」觀念，辨析是書論述之得失。

　　（三）聯緜字方面：

　　　　1、界義歷來「聯緜字」。

　　　　2、考證五十八組字例來源，與前項所理出之基準相較，以明張有「聯緜字」觀。

貳、進行步驟

一、將《復古編》之收字建立成字源資料庫，包括紙本、圖檔、電子檔。

二、釐清研究範圍，將《復古編》版本、作者張有，與其書所呈現之各項學理概念界定清楚，包括字書編輯、字樣理論、辨似類型、聯緜字。

三、分析《復古編》正文與附錄的體例，釐清其編輯觀念。

四、參閱歷代《說文》系字書之相關字樣觀研究著作，釐清正字、俗字、別字、異體字、譌字等觀念，再考究《復古編》字樣觀念，並將《復古編》所收字例分層分類，作出綜合比較的字表。

五、針對《復古編》注中與附錄辨正六門所載之「異體字」，以「字形」概念，分析與「正字」的差異，予以分類為偏旁差異、缺筆、增筆、易筆等，統計全書字例，作數據式的分析，並以表格方式呈現。

第三節　前人研究成果述議

此節將整理歷來評述《復古編》之相關研究資料，探討分析其內容。

壹、《復古編》相關研究述要

張有並沒有留下自序、凡例說明《復古編》寫作動機，或是編纂體例，但《復古編》自宋代成書以來，為該書作序、跋者不少，而此類序跋者多稱許《復古編》辨正字形筆畫細微差異之用心，更肯定張有致力古篆之成就。以下筆者將以後人所作序、跋為根據，並蒐羅歷代相關文獻，分類探討前賢研究《復古編》之概要：

一、相關序、跋及提要

（一）〔宋〕楊時〈復古編後序〉

孔子曰：河出圖，洛出書，聖人則之，則圖書之文，天實兆之，非人私智所能為也。秦人以吏為師，嚴是古之禁，盡滅先王之籍，漢興去秦未遠也。科斗書世已無能知者，況泯泯數千載之後乎。揚子曰：「言心聲也，書心畫也。」世傳小篆，蓋李斯、趙高之徒，以反古逆亂之心為之，其淵源可知矣。三家之學與古文奇字、繆蟲之書並行於時，雖去古浸遠，而六書僅存焉，先王之時，書必同文，故建官以達之，所以一道德之歸立民信也。漢初猶有六體

課試之科，有司舉劾之令，以同天下之習，時變事異，法亦隨廢，
故事作無正，而人用其私，古書幾亡矣，可勝惜哉。吳興張友〔註4〕
謙中，用意茲學，著復古編三十年餘矣，而其書始成。形聲近似，
而用也不同。蓋眇忽之間耳，其辨析釐正，皆有稽據。後之有志
於古者，必有取於斯也。政和之初，余居毗陵，謙中以其書示余
求文以爲序。余嘉其用力之勤，而有補於字書也，故爲之說，以
附于其後。謙中善篆，用筆有古意，當與李陽冰、徐常侍並驅爭
先云。〔註5〕

楊龜山此序從文字的起源談起，批評李斯、趙高等人是「反古逆亂」。說明張
有著書背景，當時「事作無正，人用其私，古書幾亡矣」，眾人皆自立一說，
違背傳統，所以張有志於古者，費了三十年才著成《復古編》。楊時嘉勉張有
復古的精神，稱讚此書可爲後人典範，甚至認爲張有可與李陽冰、徐常侍相
提並論。目前可見《復古編》各版本皆不見此序，應是版本傳鈔時所闕。

（二）〔宋〕陳瓘〈復古編原序〉

陳瓘首言學問不分大小，皆須有所規律，縱使是所謂「小學」，亦有其價
值，仍應溯本追源，否則捨本逐末，成不了氣候。陳瓘曰：

君尊臣卑，父坐子立，此六經之大閑也。大者之學，學此而已。然
堯舜稽古之道，仲尼時雨之教，隨器大小，皆使有成，則道之有藝，
藝之有書，小學之所紀，亦何可廢哉！然而經天緯地之文，不在止
戈之後，開邪窒慾之義，不假皿蟲而知，其覺也晚，然後字書小學
亦有可觀者焉，觀矣而不可泥，棄本根而尋枝葉，認漚體而舍溟渤，
譬猶壓沙取油，用力雖多而終無所得，其所成就者可知也已。

又陳氏提及張有篆法、著《復古編》時間、所收字數，肯定張有「日考月校，
久而不解」之用心。其云：

吳興張謙中習篆籀，行筆圓勁，得李斯、陽冰之法。校正俗書與古
字戾者，采摭經傳，日考月校，久而不解。元豐中，予官於吳興，
見其用心之初，今廿有九年然後成書，凡集三千餘字，名曰《復古

〔註4〕祺謹按：作「張友」乃訛誤，應作「張有」。
〔註5〕〔宋〕楊時撰：《龜山集》，《景印文淵閣四庫全書》冊 1125，（臺北：臺灣商
務印書館，民國 75 年 7 月），頁 345。亦見於〔清〕莊仲方編：《南宋文範》
（臺北：鼎文書局，民 64 年 1 月），頁 500。

編》。其說以謂：「專取會意者不可以了六書，離析偏旁不可以見全字，求古人之心而不見糟粕，固以永矣。」又取一全體鑿爲多字，情生之說，可說可玩，而不足以消人之意，譬猶入海算沙，無有畔岸，運籌役志，迷不知改，豈特達如輪扁然後能笑其誤哉？往揚子雲留意古道，用之於玄，或笑其自苦，或譏其作經，然子雲意在贊《易》，非與《易》競，而劉歆之徒，方計目前利害，無意於古，覆醬瓿之語，足以發子雲之一笑而已。今去子雲又千有餘歲，士守所學而能不忘復古之志者，可不謂之難得也哉！謙中用心於內，不務進取，一裘一葛，專趣內典，予方杜門待盡，亦讀法界之書，嘗聞棗柏之言曰：「作器者先須立樣，造車者當使合轍，古無今有，即是邪道，不可學也。」予嘗三復此語，因思學道之要，不以古聖爲樣轍者，皆外游爾，堯、舜、禹、皋陶之所謂稽古者，豈特可以爲方內之法哉？致遠恐泥，不可以違轍樣，而況大學之道乎？後之好古者，觀俗尚論，將有稽於此焉。大觀四年十一月，敕復寧德郎陳瓘序。〔註6〕

陳氏引「專取會意者……固以永矣」、「古無今有，即是邪道」兩言，皆說明張有堅持「復古」之決心，認爲張有此書可爲後世典範，雖復古，卻又不泥於標準。此序普遍見於目前可見的《復古編》各版本，包括影宋抄本、元至正六年吳志淳好古齋刻本、清乾隆四十六年葛鳴陽刻本、清知不足齋鈔本均存。

（三）〔宋〕程俱〈復古編序〉

程子曰：學之不可以不專也，涉其流者未有能極其原，游之蓄者未有能觀其奧，不極其原，不觀其奧，求其是且精焉無有也。夫支左詘右，夫人而射也稱養叔，鈞弦柱指，夫人而琴也稱子野，上下千百載間，學是者亦眾矣，而二子擅焉，豈不以其專以精乎？吳興張有弱冠以小篆名，自古文奇字與夫許氏之書，了然如燭照而數計也，他書餘藝一不入於胷中，蓋其專如此，故四十而學成，六十而其書成，復古之編是矣。余嘗論其書曰，小篆之作，自嶧山真刻不傳，

〔註6〕〔宋〕張有撰：《復古編》，《中華漢語工具書書庫》冊12（合肥：安徽教育出版社，2002年6月），頁143～146。

至唐，字學雖盛，而以篆法蓋一時名後世者，惟李陽冰為稱首，徐鉉後出，筆力勁古，遂出陽冰上。近世名筆固多，其分間布白，規圓繩直，不為不工而筆力勁古，少復鉉比。今有自振於數千載後，獨悟周秦石刻用筆意，落紙便覺岐陽、嶧山去人不遠。《復古》二卷三千言，據古《說文》以為正，其點畫之微，轉反從衡，高下曲直，毫髮有差，則形聲頓異，自陽冰前後名人格以古文，往往而失，其精且博又如此。然其寄妙技於言意之表，守古學於寂寞之濱，固非淺俗之所能識也。且漢之諸儒比肩立，而楊子雲以識字稱，韓文公言語妙天下，而猶自謂略須識字，字亦豈易識哉！觀復古之編，則其於識字幾矣。嗟夫！使人之於學與藝也，皆能致其專而求其是，既得之又能守其所學，而不與時上下，則學雖有小大，其有不至者哉！不得於今，必得於後世矣。張翁求余文以信其傳，因敘次如此。

政和三年癸巳九月朔，信安程俱敘。〔註7〕

程俱此序要點有二：第一，學以精為要。張有專志小篆，故能以二十餘年成《復古編》。說明張有《復古編》寫作時間約二十餘年；其次，《復古編》以古《說文》為依據，辨正字形筆畫差異。程俱相當肯定張有專心致志於古學的用心，所以替張有作了此序。此序普遍見於當前可見之《復古編》，各版本間僅用字異體，有些許差異，餘大抵相同。

（四）〔宋〕王佐才刻復古編敘〔註8〕

書名之作，其來尚矣，自伏羲造書契，而文籍生，降及三代，因革不同，蟲魚鳥獸之形，變于周史，逮至秦漢，作者間出，李斯、趙高作倉頡、爰歷之書，一變而為小篆，軍正程邈便于簡易，再變而為隸。魏晉以來，籀篆既泯，維真艸盛行，至唐韓擇李陽冰踵繹山秦望之餘，近代徐鉉宗李陽冰之法，復以小篆行于世，然去古彌遠，未有能臻，其妙者吳興張謙中先生，縶留心此學，深造古人之妙。自元豐以來，以小篆著名天下，鮮儷焉，鄉人徐滋元象舊與先生為

〔註7〕見國立中央圖書館編：《國立中央圖書館善本序跋集錄》（臺北：國立中央圖書館，民國81年），亦見於〔宋〕程俱：《北山小集》。參〔宋〕程俱：《北山小集》，見四川大學古籍所編：《宋代傳記資料叢刊》第33冊，（北京：線裝書局，2004年6月），頁440～441（據清道光五年袁廷檮貞節堂據黃氏士禮傳錄本仿鈔）。

〔註8〕祺謹按：跋旁有朱印寫作：「積學齋徐乃昌藏書」。

鄰，親炙先生餘誨，揮毫落紙，得先生之法，先生亦雅愛奇之。其
平昔所箸，如《復古編》、《千字文》之類，屬纊之際，盡以遺之，
藏于巾笥，如獲大寶。今將鏤板勒碑，以廣其傳于永久，命僕作敘
以志之，聊書其梗槩云：昔紹興十三年七月六日王佐才敍。〔註9〕

王佐才認為自伏羲以來文籍產生，後變為各種字形，至秦漢時李斯、趙高等
人再整理成小篆，程邈再簡化成為隸書。魏晉後真書、艸書盛行，直至吳興
張有，因對小篆用力頗深，所以深明古人用篆之心。王氏同鄉人徐滋元是張
有弟子，藏有張有著作，為廣流傳，王氏決定將《復古編》「鏤板勒碑，以廣
其傳于永久」。王佐才簡單說明了刻書的原因。此序見於影宋抄本、清乾隆四
十六年葛鳴陽刻本等。

（五）〔宋〕樓鑰〈復古編序〉

文字之書，世謂之小學，或者因陋就簡，指以為學之細事而忽之非
也。古者四民，擇其秀者為士而教之，所謂八歲入小學者，教以禮
樂射御書數，是六者。雖不見古人之大全，《周禮》注疏亦簡其署。
是皆有名數法，度及人之幼，真淳未散，記識性全，使習六藝則終
身可以為用，此為少年之學，非曰學者之小事。禮壞樂崩，射御弗
習，數學亦復罕傳，猶幸六書之說，具存《凡將》、《爰歷》等書，
不復可見，《急就章》只存大署，惟許叔重著《說文解字》，垂範千
載，李陽冰中興斯文於唐，若南唐二徐兄弟尤深此學，楚金在江南，
既為通釋，部敘通論，袪妄類聚，錯綜疑義，系述等篇，總謂之《繫
傳》，又著《韻譜》備矣。鼎臣入本朝逮事，熙陵命校定叔重之書，
至今賴之。爾後，楊南、仲章、友直、文勛、邵餗、陳晞諸公，皆
以篆鳴遺跡，猶班班見之，然不聞有書，以惠後來。吳興張謙中有，
篤志古道，傷俗學之混淆，為書一編，號曰復古。（原注：《宋史·
藝文志》張有《復古編》兩卷）用功數十年，書成于大觀、政和之
間，陳了齋、程北山為前後序，稱美甚至，足以不朽矣。鑰晚出，
何敢容喙，尚有欲言而未盡者，謙中攷證精詣，字之合於古者，皆
所不論，惟俗書亂之者，必正其訛舛，毫釐不貸，讀者悅服，無有
異論。聞其落筆作篆，如真行然，署無艱辛之態，惟體脩而末重，
與人小異，不入俗目，漢宣帝時器械工巧，元成間鮮及之。有谷口

銅甬傳於世，款識銅字，其體正爾，始之謙中之作，蓋有自來，非
以意爲之也。巍字從委從鬼，或省山以爲韓魏之魏，謙中爲林中書
家篆墓碑，終不省去山字。古無菴字，謙中以爲當作闇，而難與題
扁。山谷雖定從草，謙中亦不用也。嘗篆楊龜山所作《踵息菴記》，
終篇偶無此字，碑額雖從疾，竟作隸體書之，其信古不從俗類，如
此鍤不能作篆，心顧好之陽冰新義，猶爲楚金所祛使，二徐見此編，
殆無以訾之。陽冰務新而謙中一意於古，優劣可以坐判矣。〔註10〕

樓鑰此序要點有六：第一，小學是少年之學，非學者之小事；第二，雖時局
動蕩，諸學不傳，但仍有許多文字學著作流傳；第三，張有因「傷俗學之混
淆」，故著《復古編》，以正視聽；第四，標出張有著書所費時間及成書之時
間，認爲張有著《復古編》是相當用心的。第五，以傳世的漢宣帝「谷口銅
甬」上之古字，映證張有所復之古，實乃有其根據。最後，樓鑰認爲張有「篤
古」，是遠優於「務新」的李陽冰。此序見於影宋精抄本、清乾隆四十六年安
邑葛鳴陽重刻本。

（六）〔元〕虞集跋

大德癸卯，集在京師見《復古編》，乃摸臨學。四十四年在豫章，重
見舊刻於曹南吳志淳主一齋，居同觀者，雒陽楊益友、直廬陵范匯
朝、宗農陵夏溥大之。至正丙戌四月十八日，雍虞集書于東湖精舍。

〔註11〕

虞集先在京城見到《復古編》，後再見於吳志淳主一齋，在場還有楊益友等人。
虞集作跋記錄之。此跋僅見於元至正六年吳志淳好古齋刻本、舊鈔本〔註12〕。

（七）〔明〕楊哲跋

篆籀滅於李斯，何也？昔者先王，六藝之跡，盡存於天下。斯火古
學而巨之，而大盜之，篆籀滅矣。吾獨恥李陽冰之愚，不知其本，
至翁事斯，甘爲之子孫孥妄，非至愚而何，斯非能制作，從荀況學
六藝，固嘗識古文倉頡科斗，非特斯也。趙高能爰曆，胡母敬能博

〔註10〕〔宋〕張有撰：《復古編》，《中華漢語工具書書庫》冊 12，頁 258～259。亦
　　　　見於〔宋〕樓鑰：《攻媿集》，《景印文淵閣四庫全書》冊 1152，（臺北：臺灣
　　　　商務印書館，民國 75 年 7 月），頁 822～823（卷 53,8～10）。
〔註11〕〔宋〕張有撰：《復古編》（北京：北京市圖書館出版社，2004 年 12 月，據中
　　　　國國家圖書館館藏元至正六年吳志淳好古齋刻本影印）。
〔註12〕係指今臺北國家圖書館所藏，編號 00982 之舊鈔本。

學，當是時秦人多能之者。斯一旦揣呂政、狹小三皇五帝，以自侈大之意，乃一切焚蕩先迹而盜之，以爲自秦作古，而已爲史倉，以欺其後人，其罪大矣。不知書未脫筆，而呂政已改向，使獄徒之隸被官府，稱衡石，視斯書更無用，來幾，野火亦焚其嶧山之隈，漢興，未嘗貴之，故孝武章六經，孝宣召通倉頡讀者，孝平召說古文未突庭中。王莽詔甄豐改定古文，馬援上書光武，極論其弊，皆未嘗及斯書。以嶧山爲美者，斯書本末若此玉，陽冰乃一旦好之，而不知有先靈賢之迹，以爲古書無出其右。陽冰若知言者，當舉李斯焚蕩之罪，而不知珍其大盜之迹。故吾直以陽冰爲主愚，自是輕好附會寡能之士。矜眩點畫，搜竊僻怪以鉤名聲。爭黨於斯、陽冰，不知其愈下。惟公乘《說文》有補學者，則徐鉉爲有功，小學當攷，近世吳興張有識倉頡書，嘗正俗訛，考《復古編》，大氐皆附《說文》理致，非阿黨斯也。淮海李綏，得其編，習其法，字書行于燕薊，獨寶惜之，來徵余言，以是讀之。俾進于大，綏字希文，老而篤學，質蓋愈堅。洪武甲子秋九月廿日天台楊哲書于燕官舍。〔註13〕

楊哲厲言批評李斯焚古學、滅篆籀，「其罪大矣」，而李陽冰與其黨人，更是「附會寡能」之輩。對徐鉉、張有、李綏等人讚譽有佳。楊氏將張有《復古編》視爲「正俗訛」之書，依《說文》之理，而非依附李陽冰之俗流。此跋僅見於元至正六年吳志淳好古齋刻本。

（八）〔明〕闕名跋

予性喜異書，嘗聞張有謙仲《復古編》載古今異文字，意頗慕之，訪購未獲。嘉靖甲子，客游武林，從許子長孺所假得錄本，因錄之以歸，藏諸笥者幾二十載。予友黎秘書惟敬，適自嶺南寄至此帙，披覽數過，不啻拱璧。惟敬博雅好古，著聞海內，奇籍秘典，蒐採梓傳，良惠來學，此書尤校刻精當，足垂不朽，第錄本故有邵菴虞公後語，似不可闕，謹鏤板寄附于後，并識本末，雖未必少裨萬一，竊幸此書之有遇云耳。〔註14〕

據此跋似乎可見「明萬曆黎民表刊本」的來歷，作此跋者認爲《復古編》「校

〔註13〕〔宋〕張有撰：《復古編》（北京：北京市圖書館出版社，2004年12月，據中國國家圖書館館藏元至正六年吳志淳好古齋刻本影印）。

〔註14〕國立中央圖書館編：《國立中央圖書館善本序跋集錄》（臺北：國立中央圖書館，民國81年）。

刻精當，足垂不朽」。該版本今雖不知所蹤，但此跋可幫助我們管窺其風貌，且從此跋可知「明萬曆黎民表刊本」有「邵菴虞公後語」，而今知見版本，唯「元至正六年吳志淳好古齋刻本」、「舊鈔本」〔註15〕有虞集跋，故筆者此二版本與「明萬曆黎民表刊本」應係同源。此跋今見於「元至正六年吳志淳好古齋刻本」、「舊鈔本」〔註16〕兩版本。

（九）〔清〕錢大昕跋

> 錢大昕跋曰：曩予與弟晦之論俗書之譌，謂儵當爲修，薩當爲薛，自矜剏獲，讀是編則謙中已先我言之，始信理之，是者，古人復起不能易也。謙中雖篤信《説文》，然所據者乃徐氏校定本，如樗璨禰韻墊劇坳辨球，皆徐新附字，本爲李陽冰所加，而誤仞爲正文，琵琶乃搊把之譌，而以爲枇杷。凹凸乃省突之俗，而以爲坳垤。認古書作仞，而以爲訒。妙古書作眇，而以爲紗。粟與突，須與湏，咠與㕚，形聲俱別，而并爲一文，此之誤之甚者。〔註17〕

錢大昕肯定張有功勞，稱《復古編》「古人復起不能易也」，評價甚高，但對張有據徐鉉本《説文》而定，不知其中許多字乃是李陽冰妄加，錢氏自該書提出許多字例説明，認爲張有《復古編》雖好，仍有許多缺失待改進。此跋引自清人謝啓昆《小學考》一書。

（十）〔清〕紀昀等《四庫全書總目提要》

今可見《四庫全書總目提要》計有文淵閣、文津閣、文溯閣三版本。今以文淵閣〈復古編提要〉爲主，説明其概要與論點：

> 臣等謹案，《復古編》十一卷，宋張有撰。有字謙中，湖州人，張先之孫，出家爲道士。是書根據説文解字，以辨俗體之譌，以四聲分隸諸字，篆書正體，而別作俗體則附之注中，下卷入聲之後附六篇，一曰聯緜字，二曰形聲相類，三曰形相類，四曰聲相類，五曰筆迹小異，六曰上正下譌，皆剖析毫釐，至爲精密。惟以《説文》正小篆，而不以小篆改隸書，故小篆之不可通於隸者，則曰隸作某。《樓鑰集》有此書序，稱其嘗篆，楊時《踵息菴記》以小篆無菴字，竟作隸體書之，知其弟不以俗體入篆爾，隸則未嘗不諧俗也。鑰〈序〉

〔註15〕係指今臺北國家圖書館所藏，編號00982之舊鈔本。
〔註16〕同上注。
〔註17〕〔清〕謝啓昆著：《小學考》（臺北：藝文印書館，民國63年2月），頁354。

又記：有為林攄母撰墓碑，書魏字作巍終不肯去山字，陳振孫所記亦同。然考此書巍字下注曰：今人省山以為魏國之魏，不言為俗體別字，是其說復古而不戾今，可謂通人之論，視魏校等之詭僻盜名，強以篆籀入隸者，其識趣相去遠矣。此本為明萬曆中黎民表所刊，不載鑰序。鑰所云，陳瓘、程俱前後序，則皆相符合云。乾隆四十二年五月恭校上。〔註18〕

文淵閣、文津閣、文溯閣三版本內容幾乎一模一樣，唯部分字體與最後所署時間不同，文淵閣版是「乾隆四十二年五月」、文津閣版是「乾隆四十九年四月」、文溯閣版是「乾隆四十七年九月」。據此筆者以為，文津閣版、文淵閣版皆鈔錄自文淵閣版而來，其字體差異如：文淵閣、文津閣俱作「聯」，文溯閣作「聯」；文淵閣、文津閣俱作「譌」，文溯閣作「訛」；文淵閣、文津閣俱作「隸」，文溯閣作「隸」；文淵閣、文津閣分別作「嘗」、「嘗」，文溯閣作「嘗」；文淵閣、文津閣俱作「歴」，文溯閣作「歷」；文淵閣、文津閣俱作「遠」，文溯閣作「遠」。

　　細究提要內容，可得線索有四：其一，說明卷數，簡介作者張有；其二，精要介紹《復古編》體例，是書以四聲分列諸字，篆字正體，別、俗體隸定寫於注，又述附錄六門之名，最後作出「剖析毫釐，至為精密」的評價；其三，舉張有曾書「菴」，因篆無此字，故作隸體，又書「魏」，因篆無此字，故堅作「巍」。乍看「復古戾今」，實則「復古不戾今」。由此二例可見張有用心於篆字之堅持；最後可知四庫全書所採版本是明萬曆中黎民表所刊本，無樓鑰序。

　　（十一）〔清〕闕名序補（參附錄四〔註19〕）

　　　《復古編》字畫不為時人姿媚之體，已自可尚而學，必欲合乎古而

　　　後止，萬世之下，明子心矣。遹之書。〔註20〕

此處所引，上部為原書篆字，下為筆者隸定之字。此序補說明《復古編》之用字，不會諂媚世俗所用字，因為《復古編》已經可以發揚自己的字學理念——就是要合於古學。後人一定會明白《復古編》作者的用心。這是序補者

〔註18〕　〔清〕紀昀等編纂：《文淵閣四庫全書》冊225（臺北市：臺灣商務印書館，
　　　　　民國75年3月），頁679～680。
〔註19〕　此序補原書乃作篆字，此處楷定字形，將原本序補書影置於附錄以參。
〔註20〕　〔宋〕張有撰：《復古編》，《中華漢語工具書書庫》冊12，頁257。

對張有此書堅持與用力甚深的肯定。此序補見於影宋精抄本、清乾隆四十六年安邑葛鳴陽重刻本等。

（十二）〔清〕張元濟跋

> 吾國字書，以許氏《說文》爲最古，世俗傳寫，訛謬百出，張氏著此書以正之。曰：「復古」者，將以復於許氏之書也。最初刊於南宋，陳了齋、楊龜山、程北山、樓攻媿各爲之序其後，善書者如吾子行、虞道園、陶九成輩，均極推重。今宋元舊刻已不傳，即四庫著錄之明黎民表刊本，亦不可得見。此依宋刻影寫，篆法精整，必出名手。前後存陳、程二序，龜山序已佚，別從翁覃溪校本補得攻媿及王佐才序，通之篆文。跋原有校籤，勘正點畫之誤。今悉錄於書眉，特不知爲何人手筆耳！
>
> 海鹽張元濟〔註21〕

張元濟此跋要點有三：第一，字書以《說文》年代最久遠，但經傳抄後，必有誤錄，張有《復古編》即爲正本清源，回歸《說文》而作。此說明張有著《復古編》用意；第二，說明此書最早刊行於南宋，有陳了齋、楊龜山、程北山、樓攻媿四序；第三，簡述版本的流傳，宋、元本、明黎民表刊本均已不見。張元濟所見爲影鈔宋本，此版本從翁覃溪校本補得攻媿及王佐才序。

（十三）今人周叔弢跋

> 張有《復古編》宋元舊刻傳世極稀，諸家書目所著錄者多爲鈔本。此元至正好古齋本，字畫精雅，宋諱闕筆，蓋從宋本繙雕舊藏楊氏海源。關劫後流入天津某茶葉鋪中。初見時，索值奇昂，荏苒數年，遂無人問鼎。甲戌十一月，藻玉查書佑王子霖攜以示余，因以重價收之，惜紙經染色，觸手即破，乃命工重裝，圍以素紙，居然面目一新，可便觀覽，書之壽命亦得延長，固無慊于損舊裝矣。小除夕弢翁記。

周叔弢說明《復古編》版本流傳，及獲得元刻本後重新包裝的過程。此跋僅見於元至正六年吳志淳好古齋刻本，因是爲此版本所作之跋。

由這些相關的序、跋、提要可以幫助我們更快了解《復古編》成書相關

〔註21〕〔宋〕張有撰：《復古編》，《中華漢語工具書書庫》冊12，頁260。亦見於張人鳳編：《張元濟古籍書目序跋匯編》（北京：商務印書館，2003年1月），頁932。

資料與時代背景，還可從其中發現《復古編》少數版本流傳之蹤跡，可以愈加清楚了解《復古編》，對於研究《復古編》，實乃一大助益。

二、古人探述

《復古編》一書於元代時爲時人所重視，故接踵之作甚多，然後衰微，直至明清時期，一些文字學理論著作方才又重新探討《復古編》。此處專指民國以前諸家對張有《復古編》的論述，其內容概要如下：

（一）〔明〕宋濂著：《篆韻集鈔・序》

> 夫自宓犧命子襄爲飛龍氏造爲六書，至黃帝時，倉頡從而衍之，世相授受，文字茲育，周因建外史，以掌其事，秦漢以來，官廢弗設，遂致譌謬失眞。許氏竊患之采史籀、李斯、揚雄之書，博訪通人，兼考之於賈逵，然後集爲《說文》之書，當是時去古猶近，遺文宜可徵，故其說最有據依，所謂部端五百餘字，蓋《倉頡篇》云：（原注：案以《說文》部首爲倉頡篇承吾子行之誤。考張懷瑾書斷吳祕法言，注其誤，又在子行之先。）嗚呼！向非許氏六書之學，其不微且絕邪。李陽冰生于唐代，去許氏則遠矣，雖號宗其書，輕肆臆說，妄加排斥，内史頗以爲恨，作《繫傳》四十卷，而反正之謂傳者，欲尊之如經也。内史之後，唯吳興道士張有尊之，意畧同許氏之學，遂如金科玉條，爲世之法程。〔註22〕

宋濂認爲文字是起源宓犧下令要求子襄創造六書，倉頡增衍字數，自此字數愈來愈多，致使世上文字譌誤漸多。他肯定《說文解字》的貢獻，還述說李陽冰妄改《說文解字》，徐鍇作《說文解字繫傳》正本清源，而在徐鍇後，最重視《說文解字》者，乃吳興張有，其視許學爲「世之法程」。

（二）〔明〕陶宗儀著：《書史會要》

> 張有，字謙中，吳興人，隱扵黃冠，善篆，書法甚古，有所撰《復古編》行扵世。張徵云：昔人作篆，如李丞相、李少監、徐騎省皆寫篆非畫篆，是故用工至易，如神行乎中，至陳晞章、友直、文勛輩，榮豪淺墨，如圬如畫，是故筆癡而無神。近世吳興張有用寫篆，法神明意，用到昔人波瀾，《復古編》出而晞輩廢矣。〔註23〕

〔註22〕〔明〕宋濂著《篆韻集鈔・序》，見羅月霞主編：《宋濂全集》冊四，（浙江省：浙江古籍出版社，1999年12月），頁2018～2020。
〔註23〕〔明〕陶宗儀著：《書史會要》，景印文淵閣四庫全書》冊814（臺北：臺灣商

陶宗儀先簡單介紹張有其人與著作——《復古編》，後引張徵言介紹張有篆法，認為李丞相、李少監、徐騎省是「寫篆」，所以運筆出神，但陳晞章、友直、文勛卻不然。直至吳興張有又是「寫篆」，繼承前人精神。《復古編》著成後，獨霸天下，對於張有與《復古編》的評價很高。

（三）〔清〕王梓材、馮雲濠撰，張壽鏞校補：《宋元學案補遺》

> 梓材謹案：《復古編》陳了翁、楊龜山、程北山為前後序，樓攻媿又序之〔註24〕

此書著重介紹《復古編》的基本體例，引四庫提要之說，認同「猶顏元孫《干祿字書》」，最後注明有陳瓘、楊時、程俱、樓鑰等人為之序。

（四）〔清〕李慈銘著：《越縵堂筆記》

> 偶閱張謙中《復古編》。此書辨析精嚴，為治小學者之津轄，然亦有太拘者。如聯綿字中謂伏犧，必作處虧作義，通作伏犧非；琵琶必作枇杷，作琵琶非；袈裟必作加沙，作袈裟非。案伏犧本無定字，《管子》作處戲，亦作處義，《莊子》作伏戲，鄭君《周禮·太卜》注作處戲，《禮·月令》注作宓戲，《易》釋文引孟京《易》俱作伏戲，此皆古字也。作處作戲為最古，宓即處之省，義即戲之通，作伏作犧為最後。若作虧，則惟〈太卜〉及〈月令釋文〉兩引又作虧，張氏謂必作處虧，不知何據矣。琵琶胡樂，起於漢世，其字本篆文所無，要不得以木之枇杷當作，作隸書者自當從俗作琵琶，若作篆，則用搊杷可也。袈裟僧衣，起於東晉以後，梵言本無定字，亦當從俗書之，作篆則或用加沙耳。〔註25〕

李氏援引經史子集等文獻，探究張有《復古編》中所舉字例及該書「字樣觀」之得與失，評論中肯。

（五）〔清〕陸心源：《宋史翼》

> 張有字謙中，吳興人，自幼喜小篆，以《說文》為正。（原注：《書錄解題》）篤志古道，傷俗學之混淆，為書一編，號曰復古。考證精詣，字之合於古者，皆所不論，惟俗書亂之者，必正其譌舛，毫釐

務印書館，民國75年7月），頁741。

〔註24〕清·王梓材、馮雲濠撰，張壽鏞校補：《宋元學案補遺》第二冊，（臺北：世界書局，民國63年7月），頁543。

〔註25〕〔清〕李慈銘著：《越縵堂筆記》（中）（臺北：世界書局，民國64年7月），頁540～541。

不貸，其落筆作篆，如眞行然，略無艱辛之態，惟體修而末重，與
世小異，漢元成間谷口銅甬，款識正同。

巍字從委從嵬，或省山以爲韓魏之魏，有爲林中書篆墓碑，絕不省
去山字。古無菴字，有以爲當作庵，而難與題扁山谷，雖定從草，
有亦不用也。嘗篆楊龜山所作《踵息菴記》，終篇偶無此字，碑額雖
從广，竟作隸體書之，其信古不從俗類如此。（樓攻媿《復古編序》）
其辨形聲，分點畫，剖判眞僞，計較毫釐，視徐楚金兄弟及郭恕先
尤精密，其有功於許氏甚大，年五十餘成此書，崇寧以來用篆籀名
一時者，以有爲最晚，棄家爲黃冠，殆世外士爲陳了翁所敬服。（原
注：李燾《說文解字後序》）〔註26〕

自小注中可知，這兩大段內容是直接引自陳振孫《直齋書錄解題》及李燾《說
文解字後序》。陸氏贊同張有規範字樣的用意，並舉巍、菴字，認爲張有「辨
形聲，分點畫，剖判眞僞，計較毫釐……其有功於許氏甚大」，是崇寧以來
篆籀最爲出名的人。

三、文字學專著引用

（一）胡樸安：《中國文字學史》

胡樸安將《復古編》一書視爲「正字體」之字書，其云：

自顏師古顏元孫之正字體以後，有唐一代有歐陽融之《經典分毫正
字》，其書已佚，無由知其內容，觀其題名，大概亦是正字體之作，
至宋郭忠恕之《佩觿》，則其視正字體之範圍，已爲推廣，記之于上
矣，嗣有作者，當推張有之《復古編》。張有之書，略仿顏元孫《干
祿字書》正俗通三體之例，而例加密，正體用篆文，別體俗體，載
於注中〔註27〕

胡氏認爲《復古編》是仿造唐代顏元孫《干祿字書》的正、俗、通三例，而
舉的例子更加深密。胡氏並且對《復古編》各卷都舉了字例，其言：

剖析頗爲精密，足爲認識文字者之指導。

胡氏對張有所舉之字例讚譽有佳，而稱《復古編》「剖析頗爲精密，足爲認識
文字者之指導。」

〔註26〕〔清〕陸心源撰：《宋史翼》（北京：中華書局，1991年12月），頁304～305
　　　　（據光緒32年初刊朱印本影印，卷28,16～17）。
〔註27〕胡樸安著：《中國文字學史》（臺北：臺灣商務印書館，2006年9月），頁118。

（二）張其昀著：《「說文學」源流考略》、《中國文字學史》

《「說文學」源流考略》先簡介張有其人與《復古編》的內容與編排，並對二卷及附錄辨正六類都舉隅字例，認為張有以《說文》為圭臬，過度排斥俗字，否定具有生命力之字，其云：

> 張有奉《說文》九千三百五十三正篆為圭臬。……正是因為張有持有泥古的態度，所以張有一味地排斥所謂俗字。比如：書中「胃」字下云：「从田非」；「作」字下云：「別作做非」。這就將通行於世的最有生命力的字給否定了。〔註28〕

另外著錄了清人錢大昕對於《復古編》的看法，但張其昀不贊同，其曰：

> 錢大昕對待所謂俗字的態度比張氏更為偏激，他對張有的批評不允愜。〔註29〕

最後張其昀對張有六書說的轉注、假借作了簡單介紹並舉隅。最後附上元代對《復古編》研究並續作的書目，包括吳均《增修復古編》、戚崇僧《後復古編》、陳恕可《復古篆韵》、曹本《續復古編》、劉致《復古編繆編》、泰不華《重類復古編》，並註明此說出自何處。《「說文學」源流考略》所載，其實就是「張其昀《中國文字學史》」增補，內容大同小異。

（三）李建國：《漢語訓詁學史》、《漢語規範史略》

李建國《漢語訓詁學史》先簡介《復古編》命名由來與作者，直指《復古編》就是要對抗王安石《字說》，內容載道：

> 《復古編》是北宋徽宗大觀、政和年間（1107～1118），吳興人張有編著的。張有「篤志古道，傷俗學之混淆」，書名「復古」，就是要復《說文》之古。他所謂俗學，是指王安石《字說》。〔註30〕

李氏對於《復古編》一味「復古」，凡是《說文》未收字均斥為非之作法不甚贊同，認為規範漢字標準應是「合於時用」，其云：

> 他的小篆著名天下，所以正體用篆書，別體、俗字載於注內。漢字形體由篆而隸，由隸而楷，不斷變化，張有抱住《說文》的點畫形體不放，把《說文》所無的後起字、區別字跟別字、訛字一律斥為

〔註28〕張其昀著：《「說文學」源流考略》（貴陽：貴州人民出版社，1998年1月），頁65～68。

〔註29〕同上注。

〔註30〕李建國著：《漢語訓詁學史》（上海：上海辭書出版社，2002年8月），頁176。

「非」，是復古主義的表現，不足爲訓。對漢字進行整理規範是必要

的，但它的標準應合於時用，不能一成不變。總體上說，《復古編》

對於辨正文字，糾正王安石以意說字的偏頗，研究古代文字形體變

化還是有參考價值的。〔註31〕

雖不贊同張有《復古編》這樣嚴格的字樣觀，但仍肯定其辨正字形之功，研
究古代文字形體變畫之重要性，認爲此書可參。李建國另一著作《漢語規範
史略》中論及《復古編》部分，與《漢語訓詁學史》內容完全一樣。〔註32〕

（四）趙振鐸著：《中國語言學史》

趙氏先介紹宋代當時出了許多文字學的新流派，當以王安石《字說》一
書影響力最大，接著引出強力對抗《字說》的楊時與張有：

宋代反對《字說》最力的要數楊時，他寫有《字說辨》一卷，批評
《字說》的穿鑿破碎，在他的《龜山集》中。

僅管《字說》沒有多大的價值，但是由於它的出現，却促進了《說
文》學的發展。張有作《復古編》，書成於宋徽宗大觀、政和年間。
所謂「復古」就是復《說文》之古。他以《說文》爲依據，辨正楷
書的「訛變」。《字說》的武斷和張有的復古，兩種思想相反，而恰
相成，在這正反兩種力量的激蕩下，使宋明的漢字研究有了新的發
展。〔註33〕

趙氏以爲《字說》與《復古編》兩股相反力量抗衡，反而激盪出宋明漢字新
發展，對宋明文字學影響深遠。

（五）范可育等著：《楷字規範史略》

此書站在「規範楷字」立場，對《復古編》進行研究分析。首先提及《復
古編》的作者、著書目的、編排和釋字。再研究《復古編》收字體例、表示
漢字規範的方式及對漢字規範的看法，得到「復古而不戾今」的看法：

《復古編》上卷下（第二帙）的「巍」字條下注：「巍：高也，从
嵬委，本牛威切，今人省山以爲魏國之魏，虞貴切。」張有把「巍」
字看作正字，把「魏」字看作今字加以認可。所以《四庫全書總

〔註31〕同上注。

〔註32〕李建國著：《漢語規範史略》，頁143～144。

〔註33〕祺謹按：「要數」爲訛字，應作「要屬」；「僅管」爲訛字，應作「儘管」。趙
　　　　振鐸著：《中國語言學史》（石家莊：河北教育出版社，2000年5月），頁284。

目提要》説:「然考此書,『巍』字下注曰:……不以爲俗體別字。
是其説復古而不戾今,所以爲通人之論。」這説明,張有還是尊
重客觀實際,尊重通常人們的寫法,復古而不違背今人之説的。
〔註34〕

該書還分析《復古編》使用之術語。最重要的部分,就是將《復古編》中的
「正字」、「別字」與現代漢字的傳承關係闡明。范氏於此書第六部分,更爲
《復古編》於漢字規範的重要性下了結論:

> 張有繼承了前人規範漢字的傳統,在復古編辨正六篇裡集中反映
> 了他強烈的規範意識。其中,既有音同形似、音異形似、音同形
> 異的字該如何寫的分析和小篆異體的辨析等正面的規範,又有辨
> 正訛字,非字的反面的規範。在中國疆域遼闊、交通不便、方言
> 繁多而容易產生大量方言字、異體字的情況下,在沒有專門的規
> 範漢字的政府機構而容易造成漢字發展無政府狀態的情況下,張
> 有的《復古編》客觀上起到了維護規範漢字、保持漢字發展穩定
> 的作用。〔註35〕

雖然范氏認同張有規範漢字之用心,但對張有以小篆爲唯一準則,則不能認
同,認爲此舉會破壞漢字規範,范氏云:

> 但是,張有的規範標準不是楷書而是小篆,他把社會上久已不用的
> 小篆説成是正字,要求人人一筆一畫都不能妄錯地寫小篆,這是走
> 過了頭,會造成社會用字的混亂,破壞漢字的規範。所以,劉葉秋
> 在《中國字典史略》中説:「但於其過於好古的説法,須加辨析,未
> 可輕從。」這是很有道理的。〔註36〕

范氏認爲張有對於字樣要求之精神可佳,但過於好古之心則有待商榷。范氏
評論中允,恰如其分。

(六)黨懷興著:《宋元明六書研究》

黨懷興從「六書」觀點看《復古編》,認爲《復古編》對六書研究影響不
大,唯「聯綿字」一節充滿價值,其云:

〔註34〕范可育等著:《楷字規範史略》(上海:華東師範大學出版社,2000 年 7 月),
頁83。
〔註35〕范可育等著:《楷字規範史略》,頁 83~84。
〔註36〕范可育等著:《楷字規範史略》,頁 84。

　　　宋張有《復古編》。此書爲匡正王安石《字說》而作，以《說文》爲
　　　依據辨證文字之俗訛，在每一字下一般指出它的構成部件，并不作
　　　六書分析，於六書研究價值不大。……其有價值的是「聯綿字」一
　　　節。〔註37〕

黨氏還認爲《復古編》書後所附張有對於轉注與假借的論述，對於後學立說
有其影響，並列出繼踵之作，但評價皆不如張有《復古編》高，其云：

　　　張氏關於轉注與假借的論述，對後來的研究者有一定的影響。後來
　　　爲《復古編》作續編的有元泰不華的《重類復古編》（10 卷，已佚）
　　　戚崇僧《後復古編》（1 卷，已佚）曹本《續復古編》（1 卷，存），
　　　以及吳均的《增修復古編》（4 卷，存，或疑爲明人）〔註38〕，
　　　皆補張有書之不足，收字增多，但於六書無新見，且多舛誤。
　　　〔註39〕

黨氏所言有理，《復古編》對於元代字書影響確實甚深。

（七）劉葉秋著：《中國字典史略》

　　　《復古編》對於我們研究古代文字的形體之變，有一定的參考價值；
　　　編撰辭書，可從其中找到一些解說形義的依據。但於其過於好古的
　　　說法，須加辨析，未可輕從。

　　　元曹本撰有《續復古編》四卷，今有清光緒十二年歸安姚氏咫進齋
　　　刊本。〔註40〕

劉葉秋採《四庫・提要》的說法，對《復古編》各類作字例舉隅，肯定《復
古編》重視文字形體變化的用心，但認爲張有「過於好古」，對張有之說須仔
細分辨，不可盲從。最後提繼述之作——曹本《續復古編》及該書版本。

四、單篇論文

（一）孔仲溫：〈宋代文字學〉

孔仲溫將《復古編》視爲「承流正俗的字樣學」，述張有此書乃模仿《干

〔註37〕黨懷興著：《宋元明六書研究》（北京：中國社會科學出版社，2003 年 12 月），
　　　頁 43〜44。
〔註38〕原書注一：齊魯書社 1997 年版《四庫全書存目叢書》以吳均爲元人。
〔註39〕黨懷興著：《宋元明六書研究》，頁 44。
〔註40〕劉葉秋著：《中國字典史略》（新店：源流文化公司，民國 73 年 3 月），頁 87
　　　〜88。

祿字書》的體例，其云：

> 詞人張先的孫子——張有所撰《復古編》，也是一本重要的書。全書
> 體例仍是模仿《干祿字書》依四聲的順序辨別俗通正三體，不過它
> 用說文的篆字為正體，以辨別注重所列俗體的訛誤，這是它受宋代
> 文學的影響，也是書名稱作「復古」的原因。〔註41〕

孔氏肯定張有於辨似文字觀念之清晰，曰：

> 他這種能以篆文辨正俗體的觀念，可見得對文字源流的認識，十分
> 正確。且在入聲之後，附有聯綿字、形聲相類、形相類、聲相類、
> 筆迹小異、上正下譌等六項辨正異體的歸類，又比唐人著作有系統，
> 所以後人因它重編、續修的著作很多。〔註42〕

最後孔氏認為《復古編》除正文外，附錄六門之系統歸類，更是優於唐人，
後人受影響者眾。

（二）王玨：〈張有《復古編》為匡正王安石《字說》而著考略〉、 王玨：〈石印本《復古編》非北宋張有撰考辨〉

首篇〈張有《復古編》為匡正王安石《字說》而著考略〉，王玨引用歷來
諸家《復古編》之序跋，認為張有《復古編》就是為匡正王安石《字說》而
著，其云：

> 從《復古編》序跋委婉隱射的文字及其寫作時間可知兩點：其一，
> 張有《復古編》確為匡正王安石《字說》而作；其二，當時，新
> 舊黨之爭，文禍迭起，對文人的摧殘異常嚴酷，以至於他們在萬
> 馬齊喑的環境中無法痛快淋漓地直抒胸臆。王安石《字說》「湮滅」
> 失佚，張有《復古編》「巋然獨存」，不是什麼「鬼神實呵護」，而
> 是文字發展規律使然：順文字發展規律者終昌，逆文字發展規律
> 者必亡！〔註43〕

王氏以為《復古編》與《字說》相抗衡，雖《字說》有強大政治力作後盾，

〔註41〕孔仲溫著：〈宋代文字學〉，《國文天地》，頁75。另原注14：「宋有陳恕可作
　　　　復古篆韻。元有吳均作增修復古編、臧崇僧作後復古編，泰不華作重類復古
　　　　編，劉致作復古編糾謬，曹本作續復古編。」參同文頁79。

〔註42〕同上注。

〔註43〕王玨著：〈張有《復古編》為匡正王安石《字說》而著考略〉，寧夏社會科學》
　　　　（上海：華東師範大學中國文字研究與應用中心，2009年7月第4期（總第
　　　　155期）），頁174～175。

但仍不敵文字發展規律，漸漸「湮滅」消逝，而順乎規律之《復古編》，自然永久流傳。次篇，王珏據《北京國家圖書館普通古籍總目》第十卷文字學門所載，概述石印本《復古編》之版本大要如下：

> 0833《復古編》二卷／（宋）張有撰.—光緒十三年（丁亥 1887）上
> 海積山書局石印本.—2 冊.部二 1 冊.字 139／557.2。石印本《復古編》
> （按：爲行文方便，暫用此書名）一函兩冊，半框 12.5×8.3cm，半
> 頁 7 行，字數不一，白口，無魚尾，四周單邊，版心上刻書名卷數，
> 下刻頁碼。封面有「復古編芝田署簽（按：宋伯魯，字芝棟，一字
> 芝田，亦署芝鈍，光緒進士）」，内題封爲「復古編吳興包承善署首
> （按：包承善，吳興大收藏家，清代著名書畫家包虎臣之孫）」，牌
> 記爲「光緒丁亥六月上海積山書局石印雲間張心庵藏」，下鈐「翰靈
> 因緣（按：原印不清楚，蓋爲靈，冕同昆）」朱印。〔註44〕

後王珏舉出四不合理處，判定石印本《復古編》非張有所著。四處分別爲使用「鄭樵《通志》内容」、引用「戴侗《六書故》内文」、徵引「《六書正譌》形轉說轉注」、「沿用兩處周伯琦《六書正譌》注文術語」等。王氏云：

> 它是一本以張有《復古編》爲基礎。以元周伯琦《六書正譌》爲材
> 料，借鑒前人訓詁成果，輔以個人見解而寫成的、獨立的、被前人
> 誤識的、今人未知的、筆者新發現的文字學正字專書（關於其性質、
> 價值，另文有述）。其成書時間不早於《六書正譌》成書之年（1351
> 年），不晚於鄭基相生活的明末清初，當在元末清初之間。石印本《復
> 古編》的眞正書名及作者，我們暫無具體文獻考證，存疑待考。因
> 爲石印本《復古編》是在張有《復古編》的基礎上增益注文而成，
> 我們建議其書名爲《增注復古編》。〔註45〕

王珏此文只是針對「石印本」《復古編》考證，證明石印本《復古編》非宋代張有所著，乃是後人訛造託名之作。此與《復古編》本身内容研究，實影響不大。

〔註44〕 王珏著：〈石印本《復古編》非北宋張有撰考辨〉，《圖書館理論與實踐》（上海：華東師範大學中國文字研究與應用中心），2009 年第 9 期），頁 59。
〔註45〕 王珏著：〈石印本《復古編》非北宋張有撰考辨〉，《圖書館理論與實踐》，頁62。

（三）吳楠楠：〈《復古編》漢字訓釋體系研究〉〔註46〕

吳氏將《復古編》漢字訓釋分為二。第一，「漢字訓釋體例」；第二，「漢字訓釋術語」，包含「解釋字義常用術語」（如：也、者、曰、一曰）「解說漢字結構理論常用術語」（如：象形，象某某之形；從某從某）、「說明別體常用術語」（如：別作、俗作、隸作）「注明讀音常用術語」（如：反切、音某切）

吳氏在其分類之下皆舉字例，對《復古編》的訓詁、詮釋方式皆有所研究。

五、學位論文

（一）陳姞淨：《佩觽字樣理論研究》

陳姞淨之碩士論文。書中第七章「《佩觽》字樣理論之前承與後啓」，將自秦代以前、秦代、兩漢、六朝、唐代等著名字書都視為《佩觽》一書字樣觀的前承。該章第二節後啓之類，首先提及就是張有的《復古編》。陳氏視《復古編》共有十一卷〔註47〕，並在各卷下皆舉二、三字例。陳姞淨說：

> 《復古編》在卷七「形聲相類」與卷八「形相類」的辨似方式，與《佩觽》的體例是相同的。〔註48〕

陳氏以為《復古編》在「形聲相類」、「形相類」兩類中，強烈的辨似觀及體例是延自郭忠恕《佩觽》一書，尚待後文詳考。

（二）孫小會著：《張有《復古編》的正字觀及其意義》

孫小會之碩士論文。孫氏從「正字觀」、「漢字規範」的立場來研究，設置了參數，以科學的字頻統計，分析《復古編》中正字、別字和今日中國大陸所謂現代漢字的關係為何。孫氏全文著重在《復古編》上、下卷及聯緜字一門，視聯緜字為正文之延伸，試探《復古編》的正字觀及意義，對於另五門附錄則置之不論，孫氏給張有《復古編》的正字觀下了定義說：

> 張有所謂正字，是先列出《說文》小篆，再將之轉寫為楷書，《說文》之外的一切字樣都在規範之列。可見，《說文》就是張有正字

〔註46〕吳楠楠著：〈《復古編》漢字訓釋體系研究〉，《黑龍江史志》（2009 年 10 期，總第 203 期），頁 73～74。

〔註47〕即上平聲、下平聲、上聲、去聲、入聲、聯綿字、形聲相類、形相類、聲相類、筆迹小異、上正下譌共十一類。

〔註48〕陳姞淨著：《佩觽字樣理論研究》（臺北：中國文化大學中國文學研究所碩士論文，2004 年 12 月），頁 143～144。

的根本。〔註49〕

孫氏還引了孔仲溫的看法「古今無定時，正俗無定分」，認爲《復古編》謹守《說文》似乎有欠周全，孫氏評論道：

> 從正字思想來看，張有僅以《說文》爲正字之根本，沒有考慮到
> 其他因素，這種思想未免顯得保守、不合時宜；從正字實踐來看，
> 正字還是具有相當高的合理性，但是，別字在有些方面甚至優於
> 正字，將其列爲規範的對象顯然是有些極端。這也正是《復古編》
> 正字與現代規範漢字的傳承關係不如《干祿字書》密切的原因。
> 〔註50〕

孫氏全文著重在《復古編》的正字、別字與今日中國大陸規範漢字比較的數據呈現上，但是對於字例的說解與分析甚少，甚至對於張有其人、《復古編》版本等都簡單帶過，略顯可惜。

六、單以「聯緜字」爲範疇

（一）陳玉玲著：《漢賦聯綿詞研究》

陳氏先爬梳漢以後聯綿詞觀念，推測出漢代可能之聯綿詞定義及範疇，形成一個構成公式，從形、音、義三方面分析每個聯綿詞「形構特徵」、「音義變化」，以明聯綿詞對於漢賦的貢獻。接著自「訓釋體例」、「形構部件」探討《復古編》聯緜字，舉例說明，最後說道：

> 總而言之，無論是爲了刊正當時訛誤形體連綿的俗字，或是以形體
> 連綿的正體字來糾正俗字，這54個詞其共同特徵就是「形體連綿」。
> 所以，張有收集這58個「聯綿字」的用意，非因聲音的聯綿而取之，
> 亦非因意義的聯綿而納之，實乃爲正俗字，以尋求古之本眞而舉，
> 而這些詞的共同特色就是「形體聯綿」。〔註51〕

陳氏認爲《復古編》五十八組聯緜字共同特色是「形體聯綿」。此處尚疑，待後章詳考，以明其是非。

〔註49〕孫小會著：《張有《復古編》的正字觀及其意義》（北京：北京市師範大學漢語言文字學碩士論文，2005年5月），頁29。

〔註50〕同上注。

〔註51〕陳玉玲著：《漢賦聯綿詞研究》（臺中：逢甲大學中國文學系碩士論文，民國94年6月），頁18。

（二）李運富撰：〈是誤解不是『挪用』——兼談古今聯綿字觀念上的差異〉

李運富撰，該文以現代理論分析這些聯綿字，認爲：

> 「聯綿字」一開始提出，就包括單純詞跟合成詞兩大類，而合成詞
> 又有多種形式。〔註52〕

李氏將《復古編》中五十八組聯縣字分爲「單純詞」、「合成詞」兩大類，其
中單純詞佔 33 個，合成詞有 25 個。以現代理論分析固然有其道理，但似乎
有「以今律古」之虞，仍待本文後章詳考。

（三）劉福根撰：〈歷代聯綿字研究〉

劉福根先簡述歷來聯縣字著作，上自《爾雅》，下至近代符定一《聯綿字
典》，而提及首度單獨談論「聯縣字」之人時，他說：

> 第一次將聯綿字進行單獨研究的，是宋朝的張有。〔註53〕

劉氏還舉例評論張有對於「聯縣字」的認知：

> 爲了遵循全書體例，而在極少數情況下對上下二字之形義進行解
> 說，與承認「加沙」等是聯綿字，二者雖不存在根本性的矛盾，但
> 是可以看出，張有對聯綿字的認識是不徹底的。〔註54〕

最後劉氏推論說：

> 張有的聯綿字是比較接近於現在所言的雙音節單純詞。〔註55〕

劉氏這樣的認知正確，因爲張有所舉之聯縣字例，確是以二字表一義。

（四）范建國撰：〈宋明的聯綿字研究〉

范建國將聯縣字的研究分爲「漢唐」、「宋明」、「清至民初」、「現代」，此
文專對「宋明」時代作研究，首先提及張有，他說：

> 第一次提出並使用「聯綿字」術語的，是宋代張有的《復古編》。
>
> 〔註56〕

〔註52〕參見李運富著：〈是誤解不是「挪用」—兼談古今聯綿字觀念上的差異〉，（《中國語文》第 5 期，1991 年），頁 384。

〔註53〕劉福根撰：〈歷代聯綿字研究〉，《語文研究》（1997 年第 2 期（總第 63 期）），頁 32。

〔註54〕同上注。

〔註55〕劉福根撰：〈歷代聯綿字研究〉，《語文研究》，頁 35。

〔註56〕范建國撰：〈宋明的聯綿字研究〉，《黃岡師範學院學報》（2005 年 8 月，第 25卷第 4 期），頁 57。

范氏對張有「聯緜字」下了定義與範圍，其云：

> 張有的聯綿字指的是具有意義上的單純性或完整性的一類雙音詞，其外延只包括「謰語」，不包括「重言」。聯綿字的整體意義是自足的，完整的，不可分拆訓釋的。〔註57〕

最後范氏將張有的貢獻與缺憾都列出，頗能切中要點，其曰：

> 張有的貢獻：一是定名，首先提出並使用「聯綿字」，這個概念，一直沿用至今；二是有了大致的標準，即結構緊湊、二字共表一義；三是指明正俗，能給後人一切啓示。張有的缺憾，則在於排斥「俗體」，沒有談及成音和特點，對個別聯綿字仍然望文生訓。〔註58〕

如范氏所說，張有對聯緜字的功能有三：提名、大致標準、指明正俗。

（五）徐振邦著：《聯綿詞概論》

此書雖名爲「概論」，卻算是一本對於「聯綿詞」作較全面性探討的書籍。書中將「聯綿詞」的發源濫觴、演變歷史、來源概況、語言特點及「聯綿詞族」都作了研究，但提及《復古編》僅寥寥數語，其云：

> 宋代張有《復古編》下卷附辨證六門，其一爲「聯綿字」，收聯綿字五十八個，辨正字體的正俗。這是有史以來，第一次將聯綿詞類聚在一起，冠以「聯綿字」之名。〔註59〕

徐氏肯定張有首將聯綿詞類聚合，冠上「聯綿字」一詞，是有定名之功。

（六）胡楚生著：《訓詁學大綱》

胡氏於第四章「聯綿字略論」，對於聯綿字的意義、起源、特徵、演化、功用均作了詳實的解說，在第一節提及張有《復古編》說：

> 「聯綿字」的名稱，最早見於宋代張有的《復古編》，在這以前，人們對於聯緜字或稱之爲「連語」（賈誼《新書》有〈連語篇〉），在張有之後，學者們便多數接受了「聯綿字」這個名稱。〔註60〕

胡氏著重「聯綿字」整體論述，對於張有《復古編》也僅是提及其首發「聯緜字」之功。

〔註57〕同上注。
〔註58〕同上注。
〔註59〕徐振邦著：《聯綿詞概論》（北京：大眾文藝出版社，1998年7月），頁6。
〔註60〕胡楚生著：《訓詁學大綱》（臺北：華正書局，民國92年9月），頁59。

（七）黨懷興著：《宋元明六書研究》

黨懷興著，黨氏將張有所謂「聯縣字」定義爲「以聲音貫通同源聯綿字」且「否定俗體」一類，黨氏云：

> 宋代張有，他的《復古編下》附錄有「聯綿字」一節，這也是「聯綿字」一詞的最早使用。《復古編》共有收雙音節詞語58個，其中45個是聯綿字，如「滂沛、徘徊、崎嶇、繽紛、踟躕、阿娜」等。張有對聯綿字的收集是較多的，單獨編爲一卷也是有見地的，這是值得肯定的。但張有在分析一些聯綿字時囿於字形，否定其他形體，如他認爲「劈歷」作「霹靂」爲非，「伏犧」必作「虙戲」，別作「伏犧」非。此則失於拘泥，說明他對聯綿字的本質特徵還缺乏深刻的認識。〔註61〕

黨氏肯定張有搜羅與定名之功，認爲張有對於「聯縣字」過度「維護正字、否定俗體」之舉，是「過於保守」，對於聯縣字本質認識不足。黨氏此言尚待後章詳議。

貳、前人研究評議

綜合前述《復古編》相關研究整理，可知前賢對於《復古編》的研究，大抵仍不脫「著作背景」、「作者生平」、「版本流衍」、「內容考論」四個方面詮釋。以下筆者分類評議之：

一、著作背景

張有《復古編》雖無自序，但從楊龜山、陳瓘、程俱、王佐才、樓鑰等序，可知《復古編》的著作背景，對於探究《復古編》是有幾點可作參攷：第一，可明宋代文字、訓詁、說文學之發展背景。從前述宋人所作之序可知，當時宋代文字學學風務新尚變，所以龜山先生有「時變事異，法亦隨廢，故事作無正，而人用其私，古書幾亡矣，可勝惜哉」這樣的感嘆；第二，可知張有著《復古編》的動機，是因爲當時文字使用混亂，因爲俗人自造新說，隨便就以自我意識解字，尤以「專取會意者」〔註62〕爲代表，故有張有「傷俗學之混淆」而著《復古編》之說；第三，可知文字學發展的正確脈絡。文字學淵遠流長，傳統上雖被歸類爲「小學」，但並不代表學問之小，而是年少

〔註61〕黨懷興著：《宋元明六書研究》，頁216～217。
〔註62〕實指摘王安石《字說》，然迫於王安石政治勢力，不敢直言批評。

時所學。學問皆應求自根源，紮根基礎，不可「棄本根而尋枝葉」。

二、作者生平

從宋人諸序可知張有字謙中，吳興人，二十歲就以篆法精妙聞名，四十歲時出師，六十歲時著成《復古編》。《四庫全書總目提要》則補充說明幾點：第一，張有乃湖州人，祖父是鼎鼎大名的北宋詞人張先；第二，張有晚年隱於黃冠，出家作了道士；第三，張有雖出身官宦世家，但其並無仕進之心，而是專心於篆法學術上，淡泊名利。樓鑰撰序，舉張有不肯書寫「菴」、「魏」這兩個古篆所無之字，說明張有為人擇善固執，對其以為正確之事，必當堅持到底，唯有這樣精神，方才能用心良久，而成《復古編》一書。張有於《宋史》無傳，歷來論及張有者，所援引資料，亦多為明、清時之作，若能搜羅與張有生活年代相近之文獻，也許更能進一步明瞭張有為人、為學等資訊，使得研究更加透澈。

三、版本流衍

自宋人王佐才序可知目前最早的刻本，乃是刻自張有弟子徐滋元藏本，是王佐才於紹興十三年七月六日左右所刊刻；自元人虞集跋，可知今所存元代刻本的來源；自清人張元濟跋可知，影宋鈔本乃是據翁覃溪校本所補正；自《四庫全書總目提要》，可知四庫全書所收版本乃是明黎民表刊本。自所知見版本，大多可從《復古編》相關序、跋中察之。前人相關著作中，並無真正探究《復古編》諸家版本源流之作，多直截以清乾隆四十六年安邑葛鳴陽本為底本。偶有論及者，如王珏，曾撰專文探究石印本《復古編》之真偽，其餘皆無可取者。是故，搜羅各種版本，對版本源流溯本追根，當是研究《復古編》之首要關鍵。

四、內容考論

（一）字樣辨似

歷來幾乎所有《復古編》的相關資料，皆把此書當作是正字專書，專門矯正俗流筆畫之亂訛，視《復古編》所復之古，即古《說文》。以古《說文》為字樣觀，進而從字樣或漢字規範的角度討論《復古編》正字觀念。其中比較特殊的一類，是利用現代漢字的規範性質，分析《復古編》所收正字、別字與今日所謂正字的相符比例，使用具體的數據說明，這類書籍僅有范可育等著的《楷字規範史略》。范氏等甚至將《復古編》正字與別字的偏旁拆解分

析，歸納類型差異爲何，試圖自各種角度討論《復古編》的漢字規範性，可惜范氏等立論所據的現代漢字標準，是依中國大陸的簡化字標準，難免仍有關漏與不足。故筆者將於後面章節系統地歸納分析《復古編》全書所收字——包含正字與別字——規範意識的展現程度，探究《復古編》是否就是一本正字意念強烈的字樣書。此外，於辨似方面，少有專文歸納《復古編》所收字例，以各類字根作爲辨別條件，歸納整理，故以此類條件探究《復古編》辨似觀念甚是重要，務必詳加研究。

（二）聯綿字

前賢學者不論是基礎理論的架構，或是延伸至其他專門範圍的討論，只要討論到「聯緜字」、「聯綿詞」、「連語」、「謰語」等概念，幾乎都會提到這樣的內容：「中國很早就出現了所謂的『聯緜字』，但眞正首次將聯緜字同類相聚，冠上聯緜字之名的是宋代張有《復古編》一書」。因爲聯緜字的不可分釋特性，所以有些學者會從聲音與意義切入觀察《復古編》的聯緜字，甚至有學者，推測《復古編》的聯緜字應是指「形體聯緜」，但未有學者眞正從形、音、義各個角度，全面地檢驗《復古編》所舉的五十八組字例。筆者本文後章將精要地解說聯綿字的濫觴、成因與類型，並且完整地分析《復古編》五十八組字例，試明張有《復古編》所收「聯緜字」的眞正意恉。最後，以張有「聯緜字」與通俗「聯綿詞」相較，以見二者涵意之差異。

（三）編輯體例

自《四庫全書總目提要》起，皆稱《復古編》是以平、上、去、入四聲分列諸字，篆字正體爲首，別體、俗體附載於注中。全書分爲兩卷，卷下後附有辨正六門，分別是聯緜字、形聲相類、形相類、聲相類、筆迹小異、上正下譌。前賢學者並未對此著墨太多，多僅是簡單數語帶過。張有編輯此書之用心，仍待筆者於後章以詞典編輯觀念深入分析，佐以《復古編》字例，使張有編輯此書之用心，顯而易見。

（四）接續補作

自胡樸安、劉葉秋、黨懷興等人所述，大抵可知元代續修《復古編》之作有六，但已亡佚四本，今只存《增修復古編》、《續復古編》二書。胡樸安等人對於續修之書的資料引用，以及《增修復古編》、《續復古編》，皆可供研究《復古編》時作爲參考資料，也許可從補作之體例或字例，回溯《復古編》之原貌。

第二章　《復古編》作者與版本

第一節　作者生平

　　張有（西元 1054 年～？）〔註1〕，字謙中，號真靜，其居所爲「真靜齋」，程致道爲此齋作銘〔註2〕。有些書上作「張有，字謙『仲』」，此乃謙「中」之訛誤。北宋吳興（今浙江省湖州縣吳興鎮）人，生於宋仁宗至和元年，卒年不詳，一說活了七十餘歲〔註3〕，是北宋著名詞人張先之孫。大歷初曾作過官，佐司封郎，尋授國子司業，〔註4〕後來出家隱於黃冠，作了道士〔註5〕。雅善篆書，筆法甚古。授業弟子有徐滋〔註6〕、宋杞〔註7〕；元代時周伯琦〔註8〕、

〔註1〕楊家駱編：《歷代人物年里通譜》（臺北：世界書局，民國 63 年 7 月），頁 273。

〔註2〕參見〔元〕陸友撰：《研北雜志・卷上》，《百部叢書集成》（板橋：藝文印書館，民國 54 年），頁 30。

〔註3〕宋政和三年癸巳著成《復古編》，張有時年六十，又《夷堅志》謂張有年七十餘，餘不可考，存參。詳參楊家駱編：《歷代人物年里通譜》，頁 273。

〔註4〕張其昀著：《「說文學」源流考略》（貴陽：貴州人民出版社，1998 年 1 月），頁 65～68。

〔註5〕詳參〈王逸老草書跋〉，見〔元〕虞集撰：《道園學古錄》，《四部叢刊正編・集部》冊 68（臺北：臺灣商務印書館，民 68 年），頁 155。

〔註6〕徐滋，字元象，吳興人，從張有習篆得其法。參見〔明〕陶宗儀撰：《書史會要・補遺》，《景印文淵閣四庫全書》冊 814（臺北：臺灣商務印書館，民國 75 年 7 月），頁 806。

〔註7〕宋杞，字子和，吳興人，張有高第弟子，於篆極精。參見同上注。

〔註8〕周伯琦，字伯溫，鄱陽人，師徐明叔、張謙中。參見〔明〕豐坊撰：《書訣》，《叢書集成・續編》冊 99（臺北：新文豐出版社，民國 78 年），頁 3～13。

繆貞〔註9〕、王禮〔註10〕、沙隨先生〔註11〕等人，雖未受張有親授，然篆書皆以張有爲宗。著有《復古編》二卷傳世。除《復古編》外，另有《五聲韻譜》五卷、《千字文》二著作，但今皆已佚。元代《學古編》載云：

> 張有《復古編》二卷（原注：有字謙仲，吳興人，湖州省板），載古
> 今異文字不可以爲字少。又《五聲韻譜》五卷，比常韻無差。〔註12〕

可知元代時應可見及《五聲韻譜》，但不知爲何《宋史・藝文志》失載此書。今佚。宋代王佐才〈刻《復古編》序〉曰：

> 鄉人徐滋元象舊與先生爲鄰，親炙先生餘誨，揮毫落紙，得先生之
> 法，先生亦雅愛奇之其平昔所著，如《復古編》、《千字文》之類，
> 屬續之際，盡以遺之，藏于巾笥，如獲大寶。（原注：案《東坡居士
> 集》有與王佐才書曰：「今復枉專人辱書并新詩石畫，覽味欣然，忘
> 疾之在體。」）〔註13〕

由以上資料可知，張有著作除《復古編》外，至少還有《五聲韻譜》、《千字文》兩部，可惜今均佚，無從窺其樣貌，實爲可惜。張有最爲人所稱道之處，乃其「篆法」，宋人饒節就曾作詩贈張有，詩曰：

> 道人髭鬚似民部，平生篆隸心獨苦。世間筆墨一點無，駸駸氣象追
> 千古。道人得師在何許？秦漢鼎彝周石鼓。若嶧山碑若詛楚，二李
> 而下初不數。異時心醉不窺園，依繩作直規作圓。一朝妙解古人意，
> 脫落尺度誠其天。嗟君絕藝世無敵，勿示時流渠未識。我亦當年好
> 古人，爲之推席三嘆息。〔註14〕

據此詩可知張有一生對於「篆法」研究的苦心，搜羅秦漢鼎彝、周石鼓、嶧山碑、詛楚文等載有「秦漢古篆」的材料，用心歷久且一絲不苟。饒節相當

〔註9〕 繆貞，字仲素，姑蘇人，篆書宗張有。參見〔明〕陶宗儀撰：《書史會要》，《景印文淵閣四庫全書》冊814，頁759。

〔註10〕 王禮，字禮仲，揚州人，篆宗張謙中。參見同上注，頁761。

〔註11〕 「沙隨先生寓居鄱陽……蓋小篆玉泉，先生學張有篆」。程迥（？～？）宋寧陵（今河南寧陵）人，徙居余姚（今浙江）。字可久，號沙隨，世稱沙隨先生。隆興時進士，博聞強識，著作今存《周易古占法》、《三器圖義》、《醫經正本書》等。參見〔宋〕張世南撰：《游宦紀聞》，《景印文淵閣四庫全書》冊864（臺北：臺灣商務印書館，民國75年7月），頁617。

〔註12〕 〔元〕吾丘衍撰：《學古編》，《景印文淵閣四庫全書》冊839（臺北：臺灣商務印書館，民國75年7月），頁845。

〔註13〕 〔宋〕張有撰：《復古編》，《中華漢語工具書書庫》冊12，頁258。

〔註14〕 〔宋〕饒節撰：《倚松老人詩集》（北京：線裝書局，2004年6月），頁356。

肯定張有對於篆、隸書之用心，稱張有是「絕藝」，自己全然無法與之相比，張有篆法成就令人讚嘆不已。何薳也認為張有以小篆聞名，筆法簡潔，頗具古法，其云：

> 吳興張有，以小篆名世，其用筆簡古，得石皷遺法。〔註15〕

程俱亦稱張有「篆甚奇古」〔註16〕，對於篆法之用力、好古、熱衷至極，已可稱為「癖」，程氏云：

> 張翁老篆癖，勢逼之㝵鐫。〔註17〕

樓鑰更稱張有篆法風格，自成一家，有其獨特之處。樓氏云：

> 謙中之篆，自成一家，近嘗跋《復古編》頗詳，此蓋其真蹟也。
> 〔註18〕

周密《癸辛雜識》一書也記載張有善篆，還曾於卞山之陰的「歸雲」洞，書篆於洞中石上，周氏云：

> 嵌空奇峻，畧如錢塘之南屏，及靈隱、薌林，皆奇石也。有洞曰歸雲，張有謙中篆書於石上，有石梁，闊三尺許，橫繞兩石間，名定心石。〔註19〕

張有篆書之石稱為「定心石」，寬三尺左右。元代虞集《道園類稿》中，〈題范德機為黃士一書一窻手卷〉一文寫道：

> 書法盛于晉唐宋，以後殆不可及也。然篆法惟陽冰稱神妙，遂為絕藝。宋初江南徐氏兄弟為有聞，分裂後中州有党懷英。國初東魯楊武子書最盛，著書論字學，奇博無與抗衡，翰墨沛然，不特施諸印章、碑額、題扁而已，令太史渾儀諸銘動千百言，非寡邑陋邦所有也。繼之者，保定郭公安道，自中朝至遠方，莫不尚焉。其在東南，則有吳興張有，著于宣和紹興間，年八、九十，筆力猶奇偉，考論

〔註15〕〔宋〕何薳撰：《春渚紀聞・卷五》，《景印文淵閣四庫全書》冊863（臺北：臺灣商務印書館，民國75年7月），頁491。

〔註16〕〔宋〕程俱撰：《北山集》，《景印文淵閣四庫全書》冊1130（臺北：臺灣商務印書館，民國75年7月），頁32。

〔註17〕〔宋〕程俱撰：《北山集》，《景印文淵閣四庫全書》冊1130，頁33。

〔註18〕〔宋〕樓鑰撰：《攻媿集》，《四部叢刊正編・集部》冊55（臺北：臺灣商務印書館，民68年），頁717。

〔註19〕〔宋〕周密撰，吳慶明點校：《癸辛雜識》，《唐宋史料筆記叢刊》（北京：中華書局，1988年1月），頁12～13。

亦精詣，搢紳先生稱之。〔註20〕

虞集認為書法極盛於唐、宋兩代，李陽冰、徐鉉、徐鍇等人皆是佼佼者。東南方之善篆者則是張有。虞氏讚美張有，雖已年長，「筆力猶奇偉，考論亦精詣」，讚譽張有篆法甚佳。晚些時候，陸友《研北雜志》亦載道：

> 篆法自秦時李斯至宋吳興道士張有而止，後世的的，有所據依。（原
> 注：趙子昂云）〔註21〕

> 趙魏公云：小篆自秦李斯至宋吳興張有而止。〔註22〕

陸友引兩則趙子昂說法，認為張有深得小篆之古法，後流無法比擬，所以稱小篆流傳到張有就停止了。另有袁華作了首〈善篆歌〉，提及張有云：

> 吳興張有爾傑出，復古正俗，訂姦訛。〔註23〕

袁華相當肯定張有復興古篆、辨正俗字的傑出表現。明人蘇伯衡曾云：

> 宋有蔡襄、黃庭堅、米黻、張有、吳傳朋之徒，皆書之善者也。

〔註24〕

蘇氏認為張有與蔡襄、黃庭堅、米黻等人皆是善書者。能與他們並稱，可見張有書法確能稱「精」。又明代鄭明《選遊玲瓏山記》載曰：

> 嘗覽吳興掌故集，稱下之陰有玲瓏山者，略如錢塘南屏、靈隱之勝，
> 唐張有、杜牧之皆題字石上鐫之。〔註25〕

> 求張有、杜牧所為題石而不可得。惟山翁野豎，執斧斤而薪蒸焉，
> 何泯泯也。〔註26〕

由鄭明所言，可知當時凡張有題字之石，價值斐然，不易獲得。晚至清代孫岳頒等人奉敕編纂之《御定佩文齋書畫譜》載道：

〔註20〕〔元〕虞集撰：《道園類稿》，《元人文集珍本叢刊》冊6（臺北：新文豐出版社，民國74年），頁155。

〔註21〕〔元〕陸友撰：《研北雜志・卷上》，《百部叢書集成》，頁2。

〔註22〕〔元〕陸友撰：《研北雜志・卷上》，《百部叢書集成》，頁38。

〔註23〕〔明〕袁華撰：《耕學齋詩集・善篆歌》，《景印文淵閣四庫全書》冊1232（臺北：臺灣商務印書館，民國75年7月），頁320。

〔註24〕〔明〕蘇伯衡撰：《蘇平仲文集》，《景印文淵閣四庫全書》冊1228（臺北：臺灣商務印書館，民國75年7月），頁673。

〔註25〕祺謹按：此誤作張有為唐人，應為宋人方是。參見〔明〕鄭明選撰：《鄭侯升集》，《四庫禁燬書叢刊・集部》冊75（北京：北京市出版社，2000年），頁404。

〔註26〕〔明〕鄭明選撰：《鄭侯升集》，《四庫禁燬書叢刊・集部》冊75，頁404。

> 大凡童子十三歲至廿三歲當學篆，其法先大而後小，先今而後古，
> 當以李陽冰書琅邪山新鑿泉，題李斯書繹山碑及泰山碑，宋張有書
> 伯夷頌。元周伯琦臨張有書嚴先生祠堂記，蔣冕書小字千文爲法。
> 〔註27〕

據此可知童子自十三歲起要學習篆書，先大後小、先今後古。張有篆書被列
爲童子習篆楷模，可知張有篆法之精。

　　綜合以上宋、元、明、清諸多先賢之記載，張有篆書法之精，應是無庸
置疑，可惜今日無張有書篆之碑帖遺世，吾人無從管窺如此深受前賢讚賞之
篆法，實爲憾事。

第二節　《復古編》之著錄與版本流衍

　　《復古編》成於北宋徽宗大觀、政和年間（西元 1107～1118 年），一說成
於政和三年（1113 年）〔註28〕。張有「篤志古道，傷俗學之混淆」，所以發憤
著述近三十年，方成《復古編》。書名「復古」，就是要復《說文》之古。陳
瓘《復古編・序》云：

> 吳興張謙中，習篆籀，行筆圓勁，得李斯、陽冰之法。校正俗書與
> 古字戾者，采摭經傳，日考月校，久而不解。元豐中予宦于吳興，
> 見其用心之初，今廿有九年，然後成書。凡集三千餘字，名曰《復
> 古編》。〔註29〕

張有雖無自序述明作此書動機爲何，然陳瓘此序卻能佐《復古編》是爲匡正
王安石《字說》而作之書，陳瓘引張有之說云：

> 專取會意者不可以曉六書，離析偏旁者不可以見全字，求古人之心
> 而不見質諸糟粕，固以末矣。〔註30〕

此處「專取會意者」很有可能是指王安石《字說》，然爲時局所迫，不敢直言。
集張有篆法研究之大成者當推《復古編》，因張氏用心於《復古編》甚久，宋

〔註27〕〔清〕孫岳頒等撰：《御定佩文齋書畫譜・卷四》，《景印文淵閣四庫全書》冊
　　　　819（臺北：臺灣商務印書館，民國 75 年 7 月），頁 170。
〔註28〕姜聿華著：《中國傳統語言學要籍述論》（北京：書目文獻出版社，1992 年 12
　　　　月），頁 252。
〔註29〕〔宋〕張有撰：《復古編》，《中華漢語工具書書庫》冊 12，頁 144。
〔註30〕同上注。

人楊時曰：

> 吳興張有謙中，用意茲學，著《復古編》三十年餘矣，而其書始成。
> 〔註31〕

程俱亦云：

> 蓋其專如此，故四十而學成，六十而其書成，復古之編是矣。〔註32〕

據以上可知張有鑽研篆法良久，費時二、三十年，方才完成《復古編》一書，可見張氏是相當有恆心、毅力，專心學問，其爲學篤實態度，當爲後學之楷模。

壹、著　錄

自宋代以來各大藏書目及各大圖書館書目、私人收藏或著作所載錄之《復古編》資料，計有十八種。以下分述之：

一、《郡齋讀書志》

宋代學者晁公武撰，其書卷四〈小學類〉著錄：「《復古編》三卷」〔註33〕。此爲《復古編》目前可見最早的著錄。何廣棪對此考證曰：

> 案：然《郡齋讀書志》著錄此書作三卷，則疑有錯誤。孫猛《郡齋讀書志校證》曰：「按《書錄解題》卷三、〈宋志〉卷一作二卷，今安邑葛鳴陽刊本、《四部叢刊三編》本亦二卷，而程俱〈序〉亦云二卷，疑《讀書志》『三』乃『二』之誤。〈宋志〉卷一著錄張有《復古編》二卷、《政和甲午祭禮器欵識》一卷，抑公武所見書，何《欵識》一卷歟？」孫猛謂《郡齋讀書志》合二書作三卷之說，可作參考。〔註34〕

可知《郡齋讀書志》應是誤收後書爲三卷，當以二卷爲是。

〔註31〕祺謹按：原書作張「友」誤，應作張「有」爲是，故改之。參見〔宋〕楊時：《龜山集》，《景印文淵閣四庫全書》冊 1125（臺北：臺灣商務印書館，民國 75 年 7 月），頁 345。

〔註32〕〔宋〕程俱撰：《北山小集》，《宋集珍本叢刊》第 33 冊（北京：線裝書局，2004 年 6 月，據清道光五年袁廷檮貞節堂據黃氏士禮傳錄本仿鈔，頁 440～441。

〔註33〕〔宋〕晁公武撰；孫猛校證：《郡齋讀書志校證》（上海：上海古籍出版社，1990 年 10 月），頁 168。

〔註34〕何廣棪著：《陳振孫之經學及其《直齋書錄解題》經錄考證》（下）（新北：花木蘭出版社，民國 95 年 3 月），頁 397～398。

二、《直齋書錄解題》

宋代私人藏書家陳振孫著，其書載曰：「復古編二卷，吳興道士張有撰。」
〔註35〕，說明《復古編》卷數及作者。

三、《玉海》

宋代著名學者王應麟撰，是書記云：「大觀中，張有校正俗書與古字戾者，
集三千餘字名之曰《復古編》，二卷，楊時爲後序，形聲近似而用，或不同辨
析，皆有稽據。」〔註36〕認爲張有該書有「正字」作用，辨析文字皆有依據。

四、《皇宋書錄》

宋代著名藏書家董史編，是書所載曰：「張有字謙中，善篆書，有所著《復
古編》。」〔註37〕只提及張有著有《復古編》一書，未提及卷數。

五、《文獻通考》

宋元時著名的歷史學家馬端臨著，該書寫道：「《復古編》二卷。」〔註38〕
此後引晁公武《郡齋讀書志》、陳振孫《直齋書錄解題》之言，僅有幾字用字
上的差別，內容與晁公武、陳振孫所言相差不遠。

六、《宋史‧藝文志》

元代脫脫等著，見該書卷二百二經部之小學類，載曰：「張有《復古編》
兩卷」〔註39〕，說明著者及卷數，著墨不多。

七、《真迹日錄》

明代著名藏書畫家張丑著，該書記載：「北宋寫本《復古編》二冊，是政
和間吳興張有著，前後有程俱等二跋，其論篆文也，敘陽冰以後不可多得。」
〔註40〕簡述《復古編》著者及跋，肯定張有論篆之能。

〔註35〕 〔宋〕陳振孫撰：《直齋書錄解題》（上海：上海古籍出版社，1987 月 12 月），
頁 91～92。
〔註36〕 〔宋〕王應麟撰：《玉海》，《景印文淵閣四庫全書》冊 944（臺北：臺灣商務
印書館，民國 75 年 7 月），頁 194～195。
〔註37〕 〔宋〕董史撰：《皇宋書錄》（中），見北京市圖書館出版社影印書室輯：《宋
代傳記資料叢刊》（北京：北京市圖書館出版社，2006 年 10 月），頁 593。
〔註38〕 〔元〕馬端臨撰：《文獻通考》，《景印文淵閣四庫全書》冊 614（臺北：臺灣
商務印書館，民國 75 年 7 月），頁 247～248。
〔註39〕 〔元〕脫脫等撰：《宋史》，《四部備要》（臺北：臺灣中華書局，民國 54 年），
頁 17。
〔註40〕 〔明〕張丑撰：《眞迹日錄》（中）（北京：北京市圖書館出版社，2002 年 6 月）。

八、《錢遵王述古堂藏書目錄》〔註41〕

此為清代著名藏書家錢曾編，載曰：「張有《復古編》二卷二本抄」，僅說明著者與卷數。

九、《也是園藏書目十卷》〔註42〕

錢曾編，錄曰：「張有《復古編》兩卷」，僅說明著者與卷數。

十、《虞山錢遵王藏書目錄》〔註43〕

錢曾編，載云：「張有《復古編》二卷（原注：述六書二本鈔）」。僅說明著者與卷數，注曰《復古編》是「述六書」之作。

十一、《大雲山房所見書目》

清人李文藻著，該書〈題跋〉云：「張有《復古編》兩卷」，僅說明著者與卷數。

十二、《鄭堂讀書記》

清人周中孚撰，載錄道：「《復古編》二卷。安邑葛氏校刊本。宋張有撰。」另外周氏還提及晁公武著錄為三卷，而疑為所見版本不同。還提及張有轉注說，「戴東原《聲韻考》，亦力駁其轉注之說。」周氏又云：

> 謙中與王介甫有連，自其少時，與介甫論字不合，退而著是書，名
> 復古者，復《說文》也，而《字說》之非，不攻自破，其用心良苦，
> 未可以一眚掩其全書也。〔註44〕

周氏對於張有《復古編》之成書及命名均有所論。載錄其所見《復古編》之版本留傳與序跋之情形。

十三、《欽定天祿琳琅書目》

清代于敏中等人奉敕編纂此書目，提要云：「張有次《復古編》。」甚至批評張有「失之拘」。〔註45〕

〔註41〕〔清〕錢曾撰：《錢遵王述古堂藏書目錄》，《中國著名藏書家書目匯刊・明清卷・冊16》（北京：商務印書館，2004年，據民國七略盦抄本影印），頁233。

〔註42〕〔清〕錢曾編：《也是園藏書目十卷》，《中國著名藏書家書目匯刊・明清卷・冊16》（北京：商務印書館，2004年，據清歸安姚氏咫進齋抄本影印），頁22。

〔註43〕〔清〕錢曾撰；瞿鳳起編：《虞山錢遵王藏書目錄彙編》，《中國歷代書目題跋叢書》（上海：上海古籍出版社，2005年11月），頁25。

〔註44〕〔清〕周中孚撰：《鄭堂讀書記》（北京：北京市圖書館出版社，2007年8月），頁213～215。

〔註45〕〔清〕于敏中等編：《欽定天祿琳琅書目》，《景印文淵閣四庫全書》冊675（臺

十四、《鐵琴銅劍樓藏書目錄》〔註46〕

清人瞿鏞編，其書載道：「《復古編》二卷（原注：舊鈔本）。宋張有撰。嘿菴手鈔本。嘿菴即孱守居士也。後有題記云：『篆字嘿菴手書。』」，僅說明著者、卷數及版本。此抄本與安邑葛鳴陽所刊本內容大抵相同，似出同源。

十五、《萬卷精華樓藏書記》〔註47〕

清代藏書家耿文光撰，其錄道：「《復古編》二卷考異一卷附錄一卷。宋張有撰。」耿氏還注明其所見《復古編》版本流傳與序跋情形。耿氏所引之程俱、王佐才、樓鑰等序，與各作者之原文有出入，僅是摘要內容幾句。

十六、《越縵堂筆記》

清人李慈銘編，記錄李氏於「同治甲戌（西元 1874 年）正月十二日」「以錢十四千購得張謙中《復古編》，末附張子野《安陸集》一卷」。李氏並述其購得書之版本乃翻刻自「乾隆庚子安邑葛鳴陽刻本」，此版本為「丁小雅諸公所校，極稱精密……，但頗有誤字。」正月十三日，李氏載錄道其於「正月十三日」：「閱《復古編》，共二卷。」並概說《復古編》體例及版本流傳。最後肯定並評論《復古編》曰：「此書辨析精嚴，為治小學者之津轄，然亦有太拘者。」更舉字例以證李氏之說。〔註48〕

十七、《善本書室藏書志》〔註49〕

清末藏書家丁丙著，載錄道：「《復古編》二卷（原注：精寫本）。吳興張有」。丁氏簡介《復古編》與相關序跋。

十八、《邵亭知見傳本書目》〔註50〕

清人莫繩孫纂錄，是書錄曰：「《復古篇》二卷。宋張有撰。」，說明著者

北：臺灣商務印書館，民國 75 年 7 月），頁 436。

〔註46〕〔清〕瞿鏞編纂：《鐵琴銅劍樓藏書目錄》（上海：上海古籍出版社，2000 年 9 月），頁 173～174。

〔註47〕〔清〕耿文光撰：《萬卷精華樓藏書記》，《清人書目題跋叢刊》冊 9（北京：中華書局，1993 年 1 月），頁 179～180。

〔註48〕〔清〕李慈銘著：《越縵堂筆記》（中）（臺北：世界書局，民國 64 年 7 月），頁 540～541。

〔註49〕〔清〕丁丙：《善本書室藏書志》（臺北：廣文書局，民 77 年 12 月），頁 256～257。

〔註50〕〔清〕莫繩孫纂錄：《邵亭知見傳本書目・邵目三・經部・小學字書》（永和：文海出版社，民 73 年 6 月），頁 16～17。

與卷數，後附說版本流傳情形。

以上十八種藏書目多只簡單記錄《復古編》卷數與作者，有提及版本者，著墨亦不多，對《復古編》版本釐清雖助益不大，但可確定《復古編》卷數當作二卷為是。

貳、版本及流衍

劉兆祐師曾云：「在從事研究工作時，都要先行擇定善本，以為研究的對象。」〔註51〕以此可知，在從事研究古書的工作時，釐清版本是重要的第一步。筆者參照各大藏書目錄與叢書，蒐集各地圖書館所藏之《復古編》版本，計有33種〔註52〕。

一、今可知版本〔註53〕

（一）南宋王佐才刻本

南宋王佐才於紹興十三年七月六日敘：

> 吳興張謙中先生，縈留心此學，深造古人之妙。自元豐以來，以小篆著名天下，鮮儷焉，鄉人徐滋元象舊與先生為鄰，親炙先生餘誨，揮毫落紙，得先生之法，先生亦雅愛奇之。其平昔所著，如《復古編》、《千字文》之類，屬續之際，盡以遺之，藏于巾笥，如獲大寶。
>
> 今將鏤板勒碑，以廣其傳于永久，命僕作敘以志之，聊書其梗槩云。

張有弟子徐元象因為與張有比鄰而居，故能親自接受張有指導，且深受張有喜愛，故張有贈送《復古編》、《千字文》等著作。王佐才為使張有《復古編》能夠流傳永久，便將徐元象所藏之手寫本「鏤板勒碑」，成為《復古編》今日可知最早刻本，還作敘以志之。惜此刻本今已亡佚，不見所蹤。

（二）南宋虞似良刻本

清代葛鳴陽刻《復古編》時，曾提及此刻本：

> 虞仲房刻于遂寧，旋遭莫簡之變亡其板，元初重刻于吳興，今皆不可見矣。〔註54〕

〔註51〕劉兆祐師著：《治學方法》（臺北：三民書局，2004年10月），頁259。

〔註52〕根據劉志成《中國文字學書目考錄》、陽海清等《文字音韻訓詁知見書目》等書。

〔註53〕若今可親眼見到，則置於「今可見版本」中，此不贅述。

〔註54〕參見清同光間翻刻乾隆四十六年安邑葛鳴陽本。

虞似良，字仲房，號橫溪眞逸，又號寶蓮山人，好善篆隸、尤工隸書。據葛鳴陽所言，虞仲房曾經刻版於遂寧，但因爲某些原因，使雕版亡佚。元代時，雖又有人重刻於吳興，但至葛氏之世時已亡失。

（三）明萬曆黎民表〔註55〕刊本

清乾隆葛鳴陽本中收錄此版本序於後作「書後」，序曰：

> 惟宋張謙中《復古編》攷據精核，不爲浮詞，舉其一隅，眞妄思別，
> 蓋有功于許氏者〔註56〕

此刊本付刻之因，乃因黎民表以爲當時李易《新義》、徐鍇《繫傳》均已亡，而戴侗《六書故》、楊桓《六書統》雖尚稱精良，然已遠離六書之義，唯有張有《復古編》是眞正「攷據精核」、「有功于許氏者」。

> 民表少喜篆學，往从京師，閱于顧舍人汝和，所以授范鴻臚子宣副
> 墨焉，逾十年復从范，假請金陵陳文學子禮，爲橅篆字，予告南歸，
> 經豫章，又从朱貞吉得前序，其書始完。得異書之難，如此暇日，
> 手勒入梓，而友人潘氏子朋爲釀金成之。〔註57〕

再者，黎民表自少時就很喜愛篆學，曾在顧從義〔註58〕那看過《復古編》。後來幾經輾轉才得到《復古編》，在友人潘子朋的幫助下，始刊刻成書。清乾隆朝編纂《四庫全書》，收錄之《復古編》便是據此版本。可惜黎民表原刊本今已不存，無法窺得其全貌。

> 此本爲明萬曆中黎民表所刊，不載鑰序。鑰所云，陳瓘、程俱前後
> 序，則皆相符合云。〔註59〕

文淵閣、文溯閣、文津閣三者內容皆據此版本，字畫雖稍異，然內容大抵相同。

（四）明崇禎四年馮舒抄並跋本

後有明代馮舒跋，今藏於北京國家圖書館。

〔註55〕黎民表，字惟敬，號瑤石山人，從化人（今廣東）。嘉靖十三年（西元 1534 年）時舉人，與歐大任、梁有譽、吳旦、李時行在廣州南園創立詩社，人稱「南園後五子」。

〔註56〕參清同光間翻刻乾隆四十六年安邑葛鳴陽本之黎民表《復古編》書後。

〔註57〕同上注。

〔註58〕顧從義（西元 1523～1588 年）明嘉靖時人，字汝和，號研山，上海人。官中書舍人，大理寺評事。學聞淵博，又善繪畫、工書法，更精於鑒別書畫碑帖。是聞名吳越間的風雅之士。

〔註59〕〔清〕紀昀等編纂：《文淵閣四庫全書》冊 225（臺北：臺灣商務印書館，民國 75 年 3 月），頁 679～680。

（五）清乾隆四十五年京師琉璃廠刻本

清乾隆四十五年庚子，安邑葛鳴陽借新安程氏舊鈔本雕版于京師琉璃廠。據《文字音韻訓詁知見書目》可知今藏於武漢圖書館。

（六）清乾隆四十六年安邑葛鳴陽重刻本

此版本與清乾隆四十五年京師琉璃廠刻本相同，唯鐫刻年代不同。葛鳴陽此刻本源自其友人桂馥所藏寫本，葛氏再參攷翁方綱本、錢大昭本、汪戶韶淑元槧本、吳均增修本以及沈心醇《六書正譌》初彫本等，校正內容，再以程瞽芳所藏舊鈔本，確立韻紐、回異、佗本、尺幅、格眼，製成近似宋版的樣貌，而字體較瘦勁。此版本前有陳瓘序，後有程俱後序、王佐才刻復古編序、樓鑰新序、丁杰書後、葛鳴陽跋。書後附上葛鳴陽校正一卷、附錄一卷、宋代張維《樂軒稿》一卷、宋人張先《安陸集》一卷。〔註60〕今藏於北京大學圖書館、中國人民大學圖書館、南開大學圖書館、山西師大圖書館、黑龍江大學圖書館、華中師大圖書館、湖北省圖書館。此版本抄錄流傳之本甚多。

（七）清馮龍官跋明刻本

後有馮龍官跋，今藏於中國科學院圖書館。

（八）清嘉慶二十年鈔本

今藏於天津圖書館。

（九）清道光十五年莫友芝家抄乾隆葛氏本

此以乾隆四十六年葛鳴陽本爲底，莫友芝抄寫校正並跋，今藏於上海圖書館。

（十）清同治十二年鈔本

清潘詠之書寫、徐康校正，今存於上海圖書館。

（十一）清同治十三年桂中行抄本

此以清莫友芝所校跋之乾隆四十六葛鳴陽本爲底本，桂中行抄寫並跋於後，今存於南京圖書館。

（十二）清戈襄校乾隆葛氏本

戈襄以乾隆四十六年葛鳴陽本爲底作校正，今存於上海圖書館。

〔註60〕〔清〕李慈銘《越縵堂讀書記》：「葛鳴陽據桂未谷寫本，復取翁覃溪、錢可盧、程魚門各寫藏本，而丁小雅、宋芝山助之校勘，影撫極精。葛氏又校以元明間刻本，作校正一卷。更取名家最錄序跋之文，以及張氏平生之著述，復古之宗派，作附錄一卷。其于是書，可謂盡心矣。」

（十三）清光緒辛巳七年袁江安濟手抄本

今藏於美國普林斯頓大學東亞圖書館。

（十四）清光緒八年淮南書局翻葛氏本

以乾隆四十六年葛鳴陽本翻印，今存於北京國家圖書館、北京師大圖書館、浙江圖書館、湖北圖書館等地。

（十五）清光緒十三年上海積山書局石印本

《文字音韻訓詁知見書目》所著錄，今存於北京國家圖書館。

（十六）清光緒十八年香山劉氏小蘇齋刻本。

今存於北京國家圖書館。

（十七）清抄本

清吳玉搢、陸紹曾跋，今藏於上海復旦大學圖書館。

（十八）清抄本

清丁丙跋，今藏於南京圖書館。

（十九）清抄本

存有兩部，今存於北京國家圖書館。

（二十）江寧書局本

《文字音韻訓詁知見書目》所著錄，今不知何藏。

（二十一）廣東書局本

《文字音韻訓詁知見書目》所著錄，今不知何藏。

二、今可見版本

（一）影宋精鈔本（參書影一）

此版本所影鈔之底本，據卷末跋所稱，乃以錢求赤所藏宋本抄出，係黃丕烈舊藏於涵芬樓。錢求赤所藏本今不知何存。 此版本前有陳瓘序，後有程俱後序、王佐才刻復古編序、樓鑰新序、張元濟跋。民國二十四年至二十五年上海商務印書館刊四部叢刊三編、1977 年藝文印書館、1983 年臺灣商務印書館、1989 年上海古籍出版社、2002 年安徽教育出版社均據此版本影印，內容雖稍有增減，實大同小異。

（二）元至正六年吳志淳好古齋仿宋大字刊本（參書影二）

前有陳瓘序，後有程俱後序、元虞集跋、明楊哲跋、今人周叔弢跋。今

存於北京國家圖書館。2004 年 12 月北京圖書館出版社據此影印出版線裝書，然此影印本內有幾處影印不清、小缺角，但大抵清楚精良。

（三）清同光間翻刻乾隆四十六年安邑葛鳴陽本（參書影三）

不知何人於清同治、光緒年間翻刻乾隆四十六年葛鳴陽本，前有陳瓘序，後有程俱後序、王佐才刻復古編序、樓鑰新序、丁杰書後、葛鳴陽跋，後有葛鳴陽撰校正一卷、附錄一卷，今藏臺北國家圖書館。

（四）清乾隆寫文淵閣四庫全書本（參書影四）

以明黎民表刊本爲底本鈔錄，前有陳瓘序、後有程俱後序。今存於臺北國立故宮博物院。

（五）清乾隆寫文溯閣四庫全書本

以明黎民表刊本爲底本鈔錄，前有陳瓘序、後有程俱後序。今存於蘭州甘肅省圖書館。與文淵閣、文津閣內容如出一轍，唯字體稍有小異。

（六）清乾隆寫文津閣四庫全書本（參書影五）

以明黎民表刊本爲底本鈔錄，前有陳瓘序、後有程俱後序。今存於北京國家圖書館。與文淵閣、文溯閣內容如出一轍，唯字體稍有小異。

（七）清乾隆寫文瀾閣四庫全書本

同以明黎民表刊本爲底本鈔錄，前有陳瓘序、後有程俱後序。文瀾閣四庫全書 1861 年毀於戰爭，1880 年重建，現存半部，今藏杭州浙江省圖書館。

（八）清知不足齋鈔本　（臺北國家圖書館善本編號 00981）（參書影六）

此版本經筆者比對，內容、篆字、版式皆與乾隆四十六年葛鳴陽本相似，應是以葛鳴陽本爲底本。此乃乾隆、嘉慶年間，鮑廷博父子編纂之知不足齋叢書所收入版本。內有藏書印數枚：「國立中央圖／書館收藏」朱文長方印、「王氏二十八宿研／齋祕笈之印」朱文長方印、「恭／綽」朱文方印、「遐庵／經眼」白文方印、「玉父」白文長方印。版式行款：篆文行 5 字，小字雙行，每行 16 字，版心黑口，中間記書名卷第，下方記葉次，再下署「知不足齋叢書」，並記字數，有朱筆圈點。計有 4 冊，有 12.8×9.6 公分大。未見前後有序或跋。原出版於歙縣，今存於臺北國家圖書館。

（九）舊鈔本（臺北國家圖書館善本編號 00982）（參書影七）

此版本前有宋陳瓘序，後有宋程俱跋、元虞集跋、明闕名跋。內有藏書

印數枚：「國立中央圖書館收藏」朱文長方印、「碩卿／珍賞」朱文長方印、「會稽／章氏／藏書」朱文方印、「陳寶晉／守吾父記」白文長方印、「寄情／六書」白文方印、「家在虞／山里之古／嘯臺」白文方印、「虞山陳／鴻泉氏／所習字／學之書」白文方印、「荃孫」朱文長方印、「古書流通處」朱文長方印、「陳立炎」朱文長方印。版式行款：7 行，篆文行 7 字，小字雙行，每行約有 24 字，單欄，版心白口，上方記書名，中間記卷第，下方記葉次，再下則署「奇字閣寫」。計有 4 冊，有 22×14.8 公分大。今存於臺北國家圖書館。此版本後有元虞集跋、明闕名跋，而虞集此跋今唯見於元至正六年吳志淳好古齋刻本，且經筆者檢視內容字體後，此舊鈔本與元刻本較相似，故此鈔本應鈔寫自元代刻本。

（十）舊鈔本〔註61〕（臺北國家圖書館善本編號 00983）

此版本前有宋陳瓘序，後有宋程俱跋。內有藏書印數枚：「國立中央圖／書館收藏」朱文長方印、「曾在三／百堂／陳氏處」朱文方印、「希古／右文」朱文方印、「不薄今／人愛古人」白文長方印。版式行款：6 行，每行 8 字，小字雙行，每行 24 字，版心白口，中間記書名卷第，下方記葉次。計有兩冊，有 28.2 x 17.7 公分大。今藏於臺北國家圖書館。

（十一）舊鈔本（臺北國家圖書館善本編號 00984）（參書影八）

此版本末頁寫抄自錢求赤家本，且經筆者比對字體、行款、格式等，皆與影宋鈔本相同，應是同源。前有宋陳瓘序，後有宋程俱跋。內有藏書印數枚：「筆精／墨妙」朱文長方印、「文節／公裔」朱文長方印、「苕溪經鉏／堂倪氏考／藏眞本」朱文長方印、「毛晉／之印」白文方印、「子／晉」朱文方印、「國立中央圖／書館收藏」朱文長方印、「虞山汲古閣／毛子晉圖書」朱文長方印、「毛扆／之印」朱文方印、「斧／季」朱文方印，另有毛晉、毛扆二者藏印。版式行款：5 行，篆字行 6 字，小字雙行，每行約有 16 字，版心白口，下方記葉次。計有兩冊，全幅有 23.6 x 14.6 公分大。今藏於臺北國家圖書館。

（十二）精鈔本（臺北國家圖書館善本編號 00985）（參書影九）

此版本經筆者比對，內容、篆字皆與影宋本相似性高，應同是鈔寫自錢求赤家本，或再抄本，然字體更加精良、流暢，惜缺卷上第三十八葉及卷下

〔註61〕此善本破損嚴重，目前待修復，暫未開放借閱，故不得窺其貌。

第五十七葉，未能完整。前有宋陳瓘序，後有宋程俱跋。內有藏書印數枚：「國立中央圖／書館收藏」朱文長方印、「王氏二十八宿研／齋祕笈之印」朱文長方印、「恭／綽」朱文方印、「退庵／經眼」白文方印、「玉父」白文長方印。版式行款：6行，篆文行8字，小字雙行，每行約有24字，版心白口，中間記書名卷第，下方記葉次。計有兩冊，全幅有28.9×18公分大。今藏於臺北國家圖書館。

三、版本流衍

以下乃據目前所知，推畫出各版本流衍之情形：

《復古編》版本流衍圖

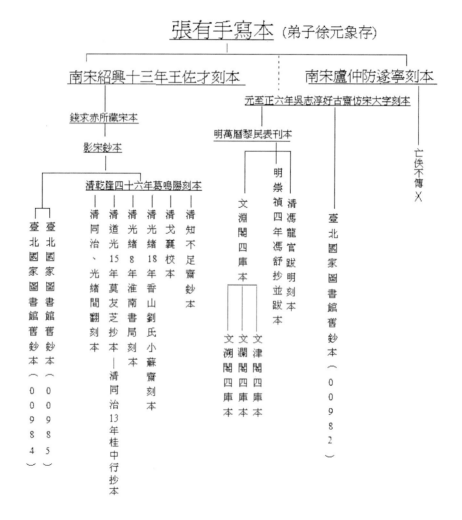

今知見版本，因不見其書，亦別無資訊可推，尚有四者源流待考，分別是「清嘉慶二十年鈔本」、「清同治十二年鈔本」、「清光緒辛巳七年袁江安濟手抄本」、「清光緒十三年上海積山書局石印本」〔註62〕。本論文以 1983 年臺灣商務印書館所影印，原藏涵芬樓之影宋抄本爲底本，輔以元至正六年吳志淳好古齋仿宋大字刊本、清同光間翻刻乾隆四十六年安邑葛鳴陽本互相參校，務求精良，近似原本。

四、增衍刪修

胡樸安《中國文字學史》一書提及張有撰《復古編》之後，於元代有六者爲其增修，其中存者有二，胡氏亦對此二書作出評論，胡氏云：

> 張書而外，吳均有增修復古編、戚崇僧有後復古編、泰不華有重類復古編，劉致有復古糾繆編，曹本有續復古編。以上存者，惟吳均與曹本之書。吳氏之書，頗不謹嚴，如仝字之類，引及道書，則其取材極不可靠也。清四庫全書提要，議其蕪雜而不盡確，所分六書，尤多舛誤，且其書似已佚失其半，未爲全本。曹氏之書，體例悉照張有，張書二千七百六十一字，曹書六千四十九字，則比張書爲擴大，又于附錄中，增音同字異一門，收二千三百六十七字，其實只能謂之字同體異，蓋其所收者，即同爲一字，而遍及或體及籀文與古文也。〔註63〕

胡樸安以爲吳均之補作體例不密、取材蕪雜，且內容不全；而曹本之續作也只是多增例子。兩者成就仍不如張有。

（一）《增修復古編》（參書影十、十一）

元人吳均著，書中分部全從周德清《中原音韵》。《四庫全書提要》說：

> 初張有作《復古編》，辨別篆隸之訛異，持論甚平，又惟主辨正字畫而不復泛引訓詁，其說亦頗簡要。均乃病其太略，補輯是編，所分諸部皆以俗音變古法，而所載古字又皆以古文繩今體。其拘者如：

〔註62〕今人王珏著有專文探究此石印本之眞僞。王氏據石印本之序、跋，判定此版本非張有著，而是元末清初之人，托名宋代張有之文字學正字專書。詳參王珏著：〈石印本《復古編》非北宋張有撰考辨〉，《圖書館理論與實踐》（上海：華東師範大學中國文字研究與應用中心），2009 年第 9 期），頁 59。

〔註63〕胡樸安著：《中國文字學史》（臺北：臺灣商務印書館，2006 年 9 月），頁 120。

童子必從人作僮之類，率滯礙而不可行，其濫者如仝字之類，引及
道書又蕪雜而不盡確，所分六書，尤多舛誤，如：般字爲國名，孫
字爲人姓，階字訓等差，賓字訓客，環字訓繞之類，皆謂之假借，
則天下幾無正字矣。其書自平聲至入聲，首尾完具，而每韻皆題曰
上卷，殆尚有下卷而佚之，然其佚亦無足惜也。〔註64〕

可惜此書過於拘泥，又浮於氾濫，內容舛誤甚多，甚至多引道書，未確文字
正流。四庫館臣對此書評價不高。今有明初刊本、舊鈔本行於世。

（二）《後復古編》

元人戚崇僧著，今書已佚。據黃溍《文獻集》所載戚氏墓志，其書一卷。

戚崇僧，字仲咸，金華人。不以榮進爲念，從鄉先生許公，講道於
八華山，扁其室曰：「朝陽」，人稱朝陽先生。以六書之學世儒不講，
所傳經籍之文多致譌舛，乃用古篆繕寫《易》、《書》、《詩》、《儀禮》、
《春秋》、《孝經》、《論語》、《大學》、《中庸》、《孟子》將獻於有司，
以《儀禮》一經未既弗及上。〔註65〕

據《黃文獻公集》所載，戚崇僧欲斥俗學譌舛之用心不遜張有，其以古篆書
寫諸經，訂正六書，以正經籍之文，惜此書今佚，不知內容實情爲何。

（三）《復古篆韵》

元人陳恕可著，今書已佚。

陳恕可，字行之，一字如心，光州固始人。以廕補將仕郎，咸淳十
年中銓試授迪功郎、泗州虹縣主簿，以平江路吳縣尹致仕。詩文醇
正近古，小篆似吳興張有，自號宛委居士。〔註66〕

據陳旅《安雅堂集》所錄，陳恕可作詩行文均近似古人，篆法亦似吳興張有。
此書內容雖不復見，但應是一本以古篆爲主之文字、聲韻綜合書籍。

（四）《重類復古編》

元人泰不華著，今書已佚。《千頃堂書目》記作「泰不華《重類復古編》

〔註64〕〔清〕紀昀等編：《四庫全書總目・卷四十三》，《景印文淵閣四庫全書》冊1
（臺北：臺灣商務印書館，民國75年7月），頁895。

〔註65〕〔元〕黃溍撰：《黃文獻公集》，參見〔清〕倪濤撰：《六藝之一錄》，《景印文
淵閣四庫全書》冊837（臺北：臺灣商務印書館，民國75年7月），頁612。

〔註66〕〔元〕陳旅《安雅堂集》，參見〔清〕倪濤撰：《六藝之一錄》，《景印文淵閣
四庫全書》冊837，頁479。

十卷」〔註67〕。據《元史》本傳稱，該書「攷正文字，於經史多有據云」〔註68〕。

（五）《復古編繆編》

元人劉致著，今書已佚。見於《山西通志書目》：「劉致《復古糾繆編》。」〔註69〕。

（六）《續復古編》（參書影十二）

元人曹本著，今書存。其書爲補《復古編》之遺而作，凡四卷，共計十三類，較張有《復古編》附錄六類多出二類。共補六千零四十九字，其實多爲字同體異，同爲一字而遍及或體、古文或籀文。僅是字例增多，此書成就與貢獻自當不如張有《復古編》。今有清光緒12年（1886）歸安姚氏影刻本，見於內蒙古線裝古籍聯合目錄；歸安姚覲元咫進齋本存於中國國家圖書館；清嘉慶間阮元進呈影鈔舊鈔本存於臺北國立故宮博物院；清光緒十二年（1886）歸安姚氏咫進齋覆刊皕宋樓景元鈔本存於臺北國家圖書館；景明抄本存於東京大學東洋文化研究所。

〔註67〕〔清〕黃虞稷撰：《千頃堂書目》，《景印文淵閣四庫全書》冊676（臺北：臺灣商務印書館，民國75年7月），頁96。

〔註68〕〔明〕宋濂等修：《元史》，《景印文淵閣四庫全書》冊294（臺北：臺灣商務印書館，民國75年7月），頁533。

〔註69〕〔清〕覺羅石麟等修：《山西通志》，《景印文淵閣四庫全書》冊547（臺北：臺灣商務印書館，民國75年7月），頁559。

第三章 《復古編》之體例及內容分析

　　欲探《復古編》之實，必先明其內容、求其體例。《復古編》體例之編排用意為何？與歷代字樣書體例相較，是否有所繼承與創新？當是此章探討之要。是故，若已明成書背景與經過，以及該書編輯架構、條理脈絡，則書中之精髓，庶幾可窺知。

第一節　《復古編》編輯背景與動機

　　北宋時，學風丕變，疑古思潮大盛。眾多疑古者中，堪為代表者，首推王安石。王介甫欲闡揚政治理念，故先從影響力最大的經學下手，著《三經新義》，為《尚書》、《詩經》及《周禮》三經重新注解、疏通義理。其中，王安石親自注解《周官新義》，《詩經新義》由呂惠卿監督，其子王雱負責主編《尚書新義》。《三經新義》於熙寧八年乙卯六月完成，王安石上獻《三經新義》，神宗詔頒於學官。〔註1〕不過王介甫《三經新義》的注解，常與《說文解字》相抵觸，為了替自己的經學著作解字合理化，遂寫了新的字書，名曰《字說》。《字說》妄以會意方式解字，是不合文字造字之本義，所以，隨著變法的失敗而漸不被重視，最後亡佚。《宋史・卷三百二十七・王安石傳》載：

> 初，安石訓釋《詩》、《書》、《周禮》既成，頒之學官，天下號曰「新義」。晚居金陵，又作《字說》，多穿鑿附會，其流入於佛老。一時

〔註1〕 顧棟高編：《王安石年譜》，《王安石全集》（臺北：河洛圖書出版社，民國63年10月），頁40。

學者，無敢不傳習，主司純用以取士，士莫得自名一說，先儒傳注，
一切廢不用。黜《春秋》之書，不使列於學官，至戲目爲斷爛朝報。
〔註2〕

據此可知王安石《字說》解字，多是「穿鑿附會」，但因政治力強大影響，時
人學者，無人敢不閱。又〈進《字說》箚子〉云：

臣在先帝時，得許慎《說文》古字，妄嘗覃思，究釋其意，冀因自
竭，得見崖略。若朦視天，終以罔然，念非所能，因畫而止。〔註3〕

王安石曾讀《說文》許久，絞盡腦汁也無法參悟，就好比在朦朧的情況下觀
看天空，終是白費苦心。《字說‧序》更云：

惜乎先王之文缺已久，慎所記不具，又多舛，而以予之淺陋考之，
且有所不合。雖然，庸詎非天之將興斯文也！而以予贊其始，故其
教學必自此始。能知之者，則于道德之意，已十九矣。〔註4〕

爲了推行新政，只好貶低《說文解字》的價值，指摘許慎《說文》「所記不
具，又多舛」。王安石以宰相之尊，透過政治力的介入，深深干預了學術界
的發展。創新雖好，但一味求新，只是急就而不當，對於文字發展實是一股
強大阻力。《復古編‧附錄》中，有許多人爲此書作序，而這些作序者，如
楊時〔註5〕、陳瓘〔註6〕，便是強力反對王安石新政。大觀四年陳瓘作《復
古編‧序》：

凡集三千餘字，名之曰《復古編》。其說以謂專取會意者，不可以了
六書。離析偏旁，不可以見全字。求古人之心而質諸糟粕，固以末
矣。又取一全體鑿爲多字，情生之說可悅、可玩而不足以消人之意。
譬猶入海筭沙無有畔岸，運籌役志，迷不知改。豈特達如輪扁，然
後能笑其誤哉！揚子雲留意古字，用之于玄。或笑其自苦，或譏其

〔註2〕 〔元〕托克托等撰：《宋史》，《文淵閣四庫全書》冊 286（臺北：臺灣商務印
書館，民國 75 年 3 月），頁 337。
〔註3〕 〔宋〕王安石撰：李之亮箋注：《王荊公文集箋注》（成都：巴蜀書社，2005
年 5 月），頁 237。
〔註4〕 張宗祥輯：《王安石「字說」輯》（福州：福建人民出版社，2005 年 1 月），頁
428。
〔註5〕 楊時（西元 1053～1135 年），字中立，號龜山，世居福建將樂縣龜山下，爲
中國南宋洛學大家，世稱「龜山先生」。本傳見於《宋史‧楊時傳》。
〔註6〕 陳瓘（西元 1057～1124 年），字瑩中，號了翁，又號華嚴居士，南劍州沙縣
人。本傳見於《宋史‧陳瓘傳》。

作經，而子雲意在贊《易》，非與《易》競。而劉歆之徒，方計目前
利害，無意于古。覆醬瓿之語，足以發子雲一笑而已。今去子雲又
千有餘歲，士守所學而不能忘復古之志者，可不謂之難得也哉！謙
中用心於內，不務進取一裘一葛，專趣內典。予方杜門待盡，亦讀
法界之書。嘗聞棗柏之言曰：作器者先須立樣，造車者當使合轍。
古無今有，即是邪道，不可學也。予嘗三複此語，因思學道之要，
不以古聖爲樣轍者，皆外遊爾。

此處陳瓘以「專取會意者，不可以了六書；離析偏旁，不可以見全字」等與，
影射了王安石離析偏旁、專以會意解字，必將陷入「入海籌沙無有畔岸」的
泥濘中。惜王介甫剛愎自用、自恃才高，蔑視與《字說》理念相背者。〈成《字
說》後〉詩云：

鼎湖龍去字書存，開闢神機有聖孫。湖海老臣無四目，謾將糟粕汙
修門。〔註7〕

王安石此詩用「黃帝鼎湖升天」及「倉頡四目制字」之典故，借黃帝與倉頡
的偉大，誇耀自己編纂《字說》，貢獻好比黃帝、倉頡，並貶低傳統官員奉爲
圭臬的《說文》爲「糟粕」。陳瓘序中「質諸糟粕」即專對此詩而應。另外，
陳瓘序中用「覆醬瓿」〔註8〕，並非是頌讚揚雄、指謫劉歆，而是諷嘲剛愎自
用的王安石。

　　陳瓘清正廉直，以直言敢諫著名，是反對王安石新法、新學之前鋒，因
反對王安石，最終遭蔡京迫害而死。建中靖國（西元 1101 年）時，陳瓘因
著《辨日錄》反對王安石，被貶官至合浦　（今廣西）；大觀四年（西元 1110
年）其子陳正匯狀告蔡京謀反，受牽連而被貶謫通州，同年十一月，才獲得
自由，作於大觀四年十一月的《復古編·序》就是在這樣的背景下產生；政
和元年（西元 1111 年），陳瓘又因著作反對王安石新政的《尊堯集》，再被徽
宗下詔押至台州。陳瓘雖因反對王安石而屢遭貶謫，但他沒有因此頹喪，反
用影射筆法，攻訐王安石《字說》，大力讚揚張有能遵依傳統小學，著述《復
古編》，以匡正王安石《字說》之訛謬。陳瓘《復古編·序》云：

吳興張謙中，習篆籀，行筆圓勁，得李斯、陽冰之法。校正俗書與

〔註7〕張宗祥輯：《王安石「字說」輯》（福州：福建人民出版社，2005 年 1 月），頁
　　　428。
〔註8〕覆醬瓿：比喻著作毫無價值或無人理解，不被重視。

古字戾者，采掇經傳，日考月校，久而不解。〔註9〕

陳氏大力讚揚張有之用心。此外，元代馬端臨《文獻通考》亦云：

> 徐鍇所著書四十篇，總名《系傳》，蓋尊許氏若經也。……嘗謂小學
> 放絕久矣，欲崇起之，必以許氏爲宗。〔註10〕

張有著《復古編》，書名「復古」，乃因其堅持學習古學，擔心俗學混淆正統學問，且如李燾所言，古代小學「必以許氏爲宗」。是故，張有欲復《說文》之古，以矯俗說之弊。再者，神宗熙寧八年（西元 1076 年）時，將《三經新義》立於學官，此時張有二十二歲。亦即《三經新義》盛行時，自幼習《說文》古篆的張有正值青春之際，學習已久的正統學問突被打破，斥爲「糟粕」，所以綜上所述，可以推論張有應是非常不滿《字說》，遂作《復古編》，以矯《字說》之弊，端正文字學之歪風，重振《說文》之勢。

第二節　《復古編》編輯體例

《復古編》全書分上、下二卷，以四聲分次，上平、下平、上、去聲收入上卷，下卷有入聲與附錄六門——聯緜字、形聲相類、形相類、聲相類、筆迹小異、上正下譌。上卷，上平聲共收 231 組，下平聲共收 249 組，上聲共收 247 組，去聲共收 293 組；下卷，入聲共收 219 組，合計平上去入四聲共有 1239 組，刪去重覆 4 組，尚有 1235 組，共收 2761 字。附錄六門共有 680 組、1415 字，其中「聯緜字」有 58 組、118 字〔註11〕；「形聲相類」有 102 組、204 字、「形相類」有 238 組、505 字、「聲相類」有 126 組、276 字、「筆迹小異」有 78 組、156 字、「上正下譌」有 78 組、156 字。〔註12〕

坊間所傳本皆以二卷爲通行。宋人晁公武《郡齋讀書志》言「《復古編》三卷」，經今人何廣棪考證，乃誤收《政和甲午祭禮器欵識》一卷，方稱三卷〔註13〕。清代紀昀等所編纂之《四庫全書》收入此書，並重新將內容分卷，

〔註9〕〔宋〕張有撰：《復古編》，《中華漢語工具書書庫》（合肥：安徽教育出版社2002 年 6 月，據影宋鈔本影印），頁 144。

〔註10〕〔元〕馬端臨撰：《文獻通考》，《景印文淵閣四庫全書》冊 614（臺北：臺灣商務印書館，民國 75 年 7 月），頁 240。

〔註11〕此處以二字爲一「聯緜字」，如「加沙」，即以一字作計算。

〔註12〕祺謹按：以上所言之「組」，是指一個正字帶領以下各種俗別字，就視爲一組，通常一個正字相應一個俗字、別字，但有時不止對應一個。

〔註13〕詳參何廣棪：《陳振孫之經學及其《直齋書錄解題》經錄考證》（下）（永和：

計有上平聲、下平聲、上聲、去聲、入聲、聯緜字、形聲相類、形相類、聲相類、筆迹小異、上正下譌共十一卷，內容實無太大差異，僅是卷次排列不同。據此，《復古編》應為二卷無誤。本論文以二卷本為討論對象。

壹、分部編排

　　《復古編》正文以篆書為正體，別體、俗體，則附於注解之中，再據字頭切語之四聲分部。中國歷史上最後一部以《說文》五百四十部首編排之字書為《類篇》，而《復古編》雖是要復《說文》之古，但並未與《說文》同採五百四十部類，反以四聲分部，這樣的編排方式，早在唐代顏元孫《干祿字書》、宋代郭忠恕《佩觿》即有。

　　更深入觀察，《復古編》不僅依四聲分部，實際上更以《廣韻》二百零六部為隱藏的次序，但並非每個韻目下皆有收字。如上平聲首字「僮」至「沖」共二十三字為一東韻；下一字「盟」為二冬韻；再下字「衝」至「邛」共十四字為三鍾韻；下一字「逢」至「樁」共八字為四江韻；五支韻由「胑」開始，以下類推。由以上例子可知，《復古編》除依四聲分大類外，每一聲類下，更依韻目排序，只是未明說。

　　每個音切相同的字首，不重覆注音，而以首次出現之字下云「文二」、「文三」表示，以此類推。其言「文二」者如：

　　　僮　　僮，未冠也，從人童。別作㠯㠯㠯，竝非，㠯或用童。徒紅切，文二。

　　　筒　　筒，斷竹也，從竹甬。別用筒，徒弄切，通簫也。

《說文》僮與筒均作徒紅切，張有於筒字不重複注音，而於僮字注音「徒紅切」，後言同此切語者有二，故言「文二」。以此類推，若同切語字有三，則言「文三」，如：

　　　誤　　誤，謬也，從言吳。別作悞，非。五故切，文三。

　　　牾　　牾，逆也，從午吾。別作忤，非。

　　　遻　　遻，遇也，從辵㡛。別作迕俉，並非。又五各切，相遇驚也。

祺謹按：《說文》誤、牾均作五故切，遻字雖於《說文》作五各切，但《廣韻》中作五故切，且各與故同韻可通。最多還有七個一組，如：

花木蘭出版社，民國 95 年 3 月），頁 397～398。

臒　臒，少肉也，从肉瞿。俗作癯，非。其俱切，文七。

鵸　鵸，鵸也，从鳥句。別作鸜，非。

躣　躣，行皃，从足瞿。別作𨅔，非。

跔　跔，天寒足跔，从足句。別作踘，非。

钁　钁，戟屬也，从金瞿。別作𨨏，非。

斪　斪，斫也，从斤句。別作斸，非。

趯　趯，走顧皃，从走瞿。別作起，非。

此類以一切語帶領一組同切語字之現象，經統計全書後，次數如下表：

	文二	文三	文四	文五	文六	文七
上卷	130組	24組	11組	2組	2組	1組
下卷	25組	6組	4組	0組	2組	0組
合計	155組	30組	15組	2組	4組	1組

　　東漢末年佛教傳入中國，各式梵文佛經也隨之流傳，學者們翻譯佛經時方才發現中土語言較梵語多了「聲調」，有平、上、去、入聲之別。六朝之際，政治動亂，許多文人遠離政治，致力於詩歌創作，作詩者漸多，為了押韻方便，《韻書》遂生。後至隋唐，詩風大盛，創作詩的人數愈多。宋代張有著作《復古編》之時，中國音韻史上的兩本重要韻書《廣韻》、《集韻》已誕生，受到《韻書》盛行的影響，這樣四聲分部之形式最為時人熟悉，更便於檢索。綜上所述，《復古編》極可能是為「辨析字形」與「檢索便利」之需，故作「四聲分類」之編排。

貳、詮釋方式

　　《復古編》正文內容。先以《說文》小篆作字頭，再以該篆字頭隸定後之楷體置於注中，並以楷體注文說解該字之形、音、義等方面。字之編排乃按平、上、去、入四聲分列諸字。詮釋全書字例，可歸納為「字形」、「字音」、「字義」、「字用」、「出處」等多方面，以下分別舉例說明：

一、釋字音

（一）《復古編》以前字書釋音方式

　　漢代時尚未發明反切，許慎著《說文解字》時，並無逐字注音，而僅有

部分字下以「讀若」方式釋音，直至魏晉時反切發明，這才每字注音，而注音方式不外乎兩大類，如以下：

1、形聲字聲符與讀若

《說文解字》一以形聲字聲符釋音，因爲《說文》九千三百五十三字中，約有九成形聲字，造字時的聲符，多與該字音讀相同或相似，如示部「祺，吉也，从示其聲」祺、其同音；二以「讀若」釋音，是許慎以漢代語音所作，注解了部分無聲字，有「讀若」、「讀與某同」、「讀若某詞」、「讀若某書」等方式。

2、反切與直音

《玉篇》、《干祿字書》、《龍龕手鑑》、《類篇》、《佩觿》等書，多以反切釋音，部分音輔以直音呈現。

（二）《復古編》釋音方式及排序

《復古編》全書採用反切注音爲主，僅有部分別字以直音方式注解。

1、以切語標音

恫，痛也，从心同。別作痌㾊，竝非。他紅切。

沖，涌搖也，从水中。別作冲种，竝非。直弓切。

叢，聚也，从丵取。別作藂，非。祖紅切，文二。

㲿，斂足也，从夊兇。別作翪，非。祖紅切，文四。

緡，微絲也，从糸面。別作絁，非。彌沇切，文五。

2、直音

罙，周行也，从网米。或作宷，同武移切。別作罙，音深，竈突也。文二。

份，文質僭也，从人分。古文作彬。別作斌，以文配武，過爲喦淺。又作贇，音頵，亦於義無取。悲申切。

丫，羊角也，象形。別作丱，音慣，束髮皃。義當用丱。

徍，之也，从彳坐，㞷音汪。隸作徃俗，羽兩切。

金，五色金也，从土左右注，象金在土中形，今聲。按今字从亼，从乀。乀，古及字，金从反乀，後人傳寫之誤，當从正

丁字。居音切，文三。

（三）釋音來源

全書的釋音來源大抵有以下二種：

1、宋·徐鉉《說文解字》（以下簡稱大徐本）

（1）癉，《復古編》作丁榦切，又作丁賀切。

祺謹按：徐鉉本作丁榦、丁賀切；《廣韻》作都寒、徒干、丁可、丁佐、多旱切；《集韻》作黨旱、典可、丁賀、唐干、得案切。據上可知，癉字音切依大徐本。

（2）榜，《復古編》作補盲切，又作北孟切、北朗切。

祺謹按：徐鉉本作補盲切，再言北孟切、北朗切出於《切韻》；《廣韻》作薄庚、北朗、北孟切；《集韻》作鋪郎、蒲庚、補朗、補曠、北孟切。據上可知，榜字音切依大徐本。

（3）鏦，《復古編》作七恭切，又楚江切。

祺謹按：徐鉉本作七恭、楚江切；《廣韻》作七恭、楚江切；《集韻》作七恭、初江切。據上可知，鏦字音切依大徐本。

（4）虛，《復古編》作丘如切，又朽居切。

祺謹按：徐鉉本作丘如、朽居切；《廣韻》作朽居切、去魚切、許魚切；《集韻》作休居切、丘於切、匈牙切。據上可知，鏦字音切依大徐本。

《復古編》取音，先採徐鉉校《說文》中徐鉉之音切。《說文解字》原無音切，是宋代徐鉉據孫愐《唐韻》增上音切，與漢代《說文》所載語音應有不同。

2、宋丁度《集韻》（以下簡稱《集韻》）

（1）阪，《復古編》作部版切，又府遠切。

祺謹按：徐鉉本作府遠切；《廣韻》作府遠切、扶板切；《集韻》作甫遠切、部版切、蒲限切。據上可知，阪字音切除依大徐本外，仍參考了《集韻》音切。

（2）俞，《復古編》作羊朱、勇主、春遇、丑救切。

祺謹按：徐鉉本作羊朱切；《廣韻》作羊朱、恥呪、丑救；《集韻》作春朱、容朱、勇主、俞戌、春遇、丑救等切。據此，僅有羊朱切出自大徐本，勇主、春遇、丑救三切應是出自《集韻》。

　　《集韻》是宋代丁度等人於宋仁宗景祐四年（西元 1037 年）奉詔纂修的官方韻書，爲《廣韻》之改正，同樣分 206 韻，只是韻目用字與韻目下注的韻字獨、同用之規定稍異。音切來源多依唐代陸德明《經典釋文》。

　　據以上可知，張有雖復《說文》之古，但仍注意到當代語音的差異，除採徐鉉本注音，更參《廣韻》、《集韻》之注音。再者，徐鉉實爲宋初時人，徐鉉所注之音，多使用宋初語音。張有參用徐鉉及當代官修韻書之音切，是爲使時人閱讀該書時，能正確使用音讀。

二、釋字義

（一）釋義之取捨

　　《復古編》正文取義幾乎皆採自《說文》，唯有部分字義爲重點摘錄，或以義近之字釋義，以下舉例分說：

1、完全引用《說文》

獷　　獷，猛獸也，从豸庸。別作獚，非。

船　　船，舟也，从舟鉛省。別作舩舡，並非。食川切。

菡　　菡，糞也，从艸胃省。別作屎，非。式視切。

黱　　黱，畫眉也，从黑朕。別作黛，非。徒耐切，文二。

貁　　貁，似狐善睡獸，从豸舟，下各切。別作貉，音莫白切，豸種也。

2、摘錄《說文》重點

　　（1）渦　渦，水名，从水過。別作渦，非。

祺謹按：《說文》：「渦，水受淮陽扶溝浪湯泬，東入淮，从水，過聲」張有簡省「水受淮陽扶溝浪湯泬，東入淮」爲「水名」。

　　（2）齩　齩，齧也，从齒交。別作咬，非。五巧切。

祺謹按：《說文》：「齩，齧骨也。」張有將《說文》「齧骨也」簡省爲「齧也」。

3、異於《說文》，但語義相近

屩　　屩，履也，从履省，从喬。別作鞽，非。居勺切。

祺謹按：《說文》：「屩，屐也，从履省，喬聲。」，又「屐，屩也，从履省，支聲。」統言之，屩、屐、履皆是「鞋子」之意，故《復古編》取義用

字雖稍異於《說文》，但所釋之義實為相近。

4、參自《集韻》

（1）榯 椑，籍也，从木卑。別作牌，非。部皆切，又步迷切，圓榼也；步覺切，親身棺也；賓彌切，柿也。

祺謹按：《說文》：「椑，圓榼也，从木，卑聲。」《集韻》：「椑，木名實似柿而青。賓彌切」〔註14〕、「圓榼也。駢迷切」〔註15〕、「棺也。蒲歷切」〔註16〕。又《集韻》：「牌，篷牌籍也。蒲皆切」〔註17〕此處所取之字義，除「圓榼也」出自《說文》，其他參考《集韻》取義。

（2）感 感，恨也，从心咸。別作憾，非。一曰動人心也，又古禪切。

祺謹按：《說文》：「感，動人心也，从心，咸聲。」作古憚切；《廣韻》：「感，動也，古禪切，十一。」；《集韻》：「憾感，恨也，或省。戶感切」〔註18〕此字所取之第一字義，應是參考《集韻》，第二字義才是引自《說文》。

（二）書證之運用

《復古編》正文引用其他書籍作為釋義之明證，可依書性質分以下五類：

1、經傳類

（1）明引自《詩經》有四，如：

a、憂 憂，和之行也，从夊惪。《詩》曰：布政憂憂。別作優，非。

祺謹按：張有引自《說文》，可見於《詩經‧頌‧商頌‧長發》：「何天之休、不競不絿、不剛不柔、敷政優優、百祿是遒。」

b、敊 敊，棄也，从攴咼。《周書》以為討，《詩》云：無我敊兮。別作魗，非。市流切。

祺謹按：張有引自《說文》，可見於《詩經‧國風‧鄭風‧遵大路》：「遵大路兮、摻執子之手兮。無我魗兮、不寁好也。」

c、盼 盼，《詩》：美目盼兮。从目，从分，匹莧切。別作盻，音胡計切，譌。

〔註14〕〔宋〕丁度等著：《集韻》（上海：上海古籍出版社，1985年5月），頁33。
〔註15〕〔宋〕丁度等著：《集韻》，頁100。
〔註16〕〔宋〕丁度等著：《集韻》，頁749。
〔註17〕〔宋〕丁度等著：《集韻》，頁105。
〔註18〕〔宋〕丁度等著：《集韻》，頁445。

祺謹按：張有引自《說文》，可見於《詩經‧國風‧衛風‧碩人》：「手如柔荑、膚如凝脂、領如蝤蠐、齒如瓠犀，螓首蛾眉。巧笑倩兮、美目盼兮。」

d、{字} 刮，缺也，从刀占。《詩》曰：白圭之刮。別作玷，非。丁念切，文二。

祺謹按：張有引自《說文》，可見於《詩經‧大雅‧抑》：「白圭之玷，尚可磨也；斯言之玷，不可為也。」

（2）明引自《尚書》有六，如：

a、《虞書》：

（a）{字} 雏，毛盛也，从毛隼。《書》曰：鳥獸雏毛。別作{字}，非。

祺謹按：此處《書》應是指《尚書‧虞書》，見於《尚書‧虞書‧堯典》：「厥民隩，鳥獸氄毛。」

（b）{字} 敆，棄也，从攴㪁。《周書》以為討，《詩》云：無我敆兮。別作{字}，非。市流切。

祺謹按：張有節引自《說文》，同作《周書》，今則實見於《尚書‧虞書‧皋陶謨》：「皋陶曰：『天討有罪，五刑五用哉。』。」

b、《商書》：

{字} 贄，至也。《周書》曰：大命不贄。《孟子》曰：出疆必載贄，从貝从所。或作{字}同。別作贄，非。脂利切，又之日切，以物相贄者也，文二。

祺謹按：張有作《周書》，今實見於《尚書‧商書‧西伯戡黎》，見《尚書‧商書‧西伯戡黎》：「天曷不降威？大命不摯，今王其如台？」

c、《周書》：

（a）{字} 鋝，鋞也，从金㝊。《虞書》曰：爵百鋝。別作{字}，非。戶關切，文二。

祺謹按：張有摘引自《說文》，同作《虞書》，今實見於《尚書‧周書‧呂刑》：「墨辟疑赦，其罰百鋝，閱實其罪。」清段玉裁注解此云：「古本作書曰，趙本作《虞書》曰，今按當作《周書》曰。」據段氏所說，應改《周書》為是。

（b）{字} 坶，《周書》武王與紂戰于坶野，从土母。別作坶，非俞

祺謹按：張有節引自《說文》，見於《尚書‧周書‧牧誓》：「武王戎車三

百兩，虎賁三百人，與受戰於牧野，作《牧誓》。」

（c）𡚾 妔，人姓也，从女丑。《商書》曰：無有作妔。呼到切。別作
好，呼皓切。

祺謹按：張有摘引自《說文》，同作《商書》，今實見於《尚書·周書·
洪範》：「無有作好，遵王之道；無有作惡，尊王之路。」

（3）明引自《周禮》，共有三次，如下：

a、𦙶 䱷，刺也，从手籍省。《周禮》曰：籍魚鼈。別作摭，非。測
角切，又士革切。

祺謹按：張有摘引自《說文》，見於《周禮·天官冢宰》：「鼈人：掌取互
物。以時籍魚、鼈、龜、蜃，凡貍物。春獻鼈、蜃，秋獻龜、魚。祭祀，共
蠯、蠃、蚳，以授醢人。掌凡邦之籍」

b、𢧊 癸。《周禮》：侍臣執癸。从戈癸。別作鍨，非。

祺謹按：張有直接摘引自《說文》。

c、𦯧 菆，麻烝也，一曰蓐也，从艸取。案《周禮》爲塗菆字。別
用攢，非。又側鳩切。

祺謹按：張有所言「《周禮》爲塗菆字」，《周禮》作「菆塗」，可見於《周
禮注疏·卷二十六》：「鄭司農云：『辟謂除菆塗槨也……』。」

（4）明引自《禮記》，僅有二次，如下：

a、𠆾 闇，治喪盧也，从門音。高宗梁闇，三年不言，何謂梁闇。
伏生《書·大傳》楣謂之梁闇，讀如鶉。《禮·喪服四制》卒
哭後翦屛柱，楣謂之梁闇。晉賈后取妹夫韓壽子養之，託梁
闇所生。別作庵，非。烏含切，又烏紺切。

祺謹按：見於《禮記註疏·卷六十三·喪服四制》：「楣謂之梁，闇讀如
鶉鷃之鷃。」

b、𥂭 盡，器中空也，从皿㶳，慈忍切，又即忍切。《禮記》曰：虛
坐盡前。別作儘，非。

祺謹按：見於《禮記集說·卷四》：「虛坐盡前，則若飲食然。」

（5）明引自《易經》，僅有二次，如下：

a、𡩸 娓，順也，从女尾。《易》曰：定天下之娓娓。俗別作亹，字
書所無，不知所從，無以下筆。

祺謹按：見於《周易‧繫辭上》：「以定天下之吉凶，成天下之亹亹者，莫大乎蓍龜。」

b、𥳚 彝，《易卦》用著也，从竹彝。彝，古文巫字。隸作筮，時制切。

祺謹按：《周易‧繫辭》有「蓍之德圓而神，蓍形圓而可以立變化之數，故謂之神也。」之句，故張有所言為是。

（6）明引自《春秋》，僅有一次，如下：

篳 篳，藩落也，从竹畢。《春秋》曰：篳門圭竇。別作蓽，非。

祺謹按：張有引自《說文》，可見於《春秋左傳屬事‧卷一》：「襄公十年冬王叔陳生與伯輿爭政⋯王叔之宰曰：『篳門圭竇之人，而皆陵其上，其難為上矣。』」

（7）明引自《孝經》，僅有一例，如下：

啺 唐，大言也，从口庚，一曰隄也。別作塘，俗。徒郎切。

祺謹按：張有引自《說文》，可見於《孝經‧喪親》：「子曰：『孝子之喪親也，哭不偯。』」

（8）明引自《書大傳》，僅有一例，如下：

闇 闇，治喪廬也，从門音。高宗梁闇，三年不言，何謂梁闇。伏生《書‧大傳》楣謂之梁闇，讀如鶉。《禮‧喪服四制》卒哭後翦屏柱，楣謂之梁闇。晉賈后取妹夫韓壽子養之，託梁闇所生。別作庵，非。烏含切，又烏紺切。

祺謹按：可見於《書經大全‧卷五》：「楣（原注：音眉）謂之梁，闇讀如鶉鷂（原注：音淳庵）之鶉。」

（9）明引自《春秋傳》，共有三次，如下：

a、嬛 嬛，材緊也，从女睘，一曰獨也。《春秋傳》曰：嬛嬛在疚。別作惸，非。渠營切。

祺謹按：張有引自《說文》，可見於《春秋正傳‧春秋脩後魯史舊文》：「夏四月己丑孔丘卒，公誄之曰：『昊天不弔不憖，遺一老俾，屏余一人以在位，煢煢余在疚』⋯⋯。」《惠氏春秋左傳補註‧卷六》：「『煢煢余在疚』鄭康成、許叔重引此傳皆作嬛嬛。」

b、櫄 櫄，楸也，从木貫。《春秋傳》曰：樹六櫄於蒲圃。別作榎，

非。古雅切。

祺謹按：張有引自《說文》，可見於《春秋正傳・卷二十五》：「秋七月戊子夫人姒氏薨。……初季孫爲已樹六檟於蒲圃，東門之外匠慶請木。」

> c、絏　絏，系也，从糸世。《春秋傳》曰：臣負羈絏。或作緤同。別作紲，非。

祺謹按：張有引自《說文》，可見於《春秋左傳注疏・卷十四》：「傳二十四年春王正月，秦伯納之不書不告入也，注納重耳也。及河子犯以璧授公子曰：『臣負羈紲，從君巡於天下』……。」

（10）明引自《明堂》、《月令》，僅有一例，如下：

> 熒　熒，屋下鐙燭之光，从焱，从冂，《明堂》、《月令》：腐艸爲蠲。《說文》無螢字。《爾雅》曰：熒火即照，只作熒字。戶扃切。

祺謹按：因《禮記月令》於劉向《別錄》中以《明堂陰陽》記之，故稱其作《明堂》、《月令》，雖題爲漢代高誘注，實則以高誘所注之《呂覽》鈔出成書。清代朱彝尊撰《經義考・卷一百四十九》有著錄此書。今可見於《毛詩稽古編・卷八》：「《呂氏月令》：『腐草爲螢是也，一種長如蠶尾，後有光無翼，乃竹根所化，亦名蠲。』；《明堂月令》：『腐草爲蠲是也。』」

2、字韻書類

（1）明引自《爾雅》，共有七次，如下：

> a、猋　猋，犬走皃，从三犬。《爾雅》：貝居陸曰猋，在水曰蜬。別作贆非。甫遙切。

祺謹按：出自《爾雅・釋魚》第三十八條：「貝，居陸贆。在水者蜬，大者魧，小者鱶。」

> b、熒　熒，屋下鐙燭之光，从焱，从冂，《明堂月令》：腐艸爲蠲。《說文》無螢字。《爾雅》曰：熒火即照，只作熒字。戶扃切。

祺謹按：出自《爾雅・釋蟲》第六十一條：「熒火，即炤。」

> c、亞　亞，醜也，象人局背之形，一曰次第也。《爾雅》云：兩壻相謂曰亞。別作婭，非。衣駕切。

祺謹按：出自《爾雅・釋親》第四十六條：「婦之父母，婿之父母，相謂爲婚姻，兩婿相謂爲亞。」

d、🦗 蠽，小蟬蜩也，从䖵㦰。《爾雅》：蠽，蜻蜻。別作蛥，非。
子列切。

祺謹按：出自《爾雅・釋蟲》第六條：「蛥，蜻蜻。」

e、🥄 魁，斜旁有魁，从斗厎，一曰突也，一曰利也。《爾雅》曰：
魁謂之䱐，古田器也。別作斛斁，竝非。土雕切，文二。

祺謹按：張有引自《說文》，可見於《爾雅・釋器》第九條：「魁謂之䱐。」

f、🐒 玃，母猴也，从犬矍，《爾雅》：玃父善顧。別作蠼，非。俱
縛切。

祺謹按：張有引自《說文》，可見於《爾雅・釋獸》第廿四條：「玃父善
顧。威夷，長脊而泥。」

g、🎋 椋，事有不善言椋也。《爾雅》：椋，薄也。別作亮，非。力
讓切。

祺謹按：張有直接引自《說文》。

（2）明引自《說文》，共有八次，如下：

a、🌾 稀，疏也，从禾，从爻巾。爻者與爽同意。巾，象禾根，至
於蒂晞，皆當从稀省，何以知之，《說文》無希字故也。香依
切。

祺謹按：張有此說乃直接引用徐鉉之說，見《說文・禾部》「稀」下注
曰：「……至於蒂晞，皆當从稀省，何以知之，《說文》無希字故也。香依切。」

b、🔥 熒，屋下鐙燭之光，从焱，从冂，《明堂月令》：腐艸爲蠲。
《說文》無螢字。《爾雅》曰：熒火即照，只作熒字。戶扃
切。

祺謹按：《說文》確無「螢」，字書最早記錄「螢」字，始於《玉篇》。

c、🔨 鎦，殺也。《說文》無劉字，偏旁有之。此字又史傳所不見，
疑此即劉字也，从戼金刀。戼，古文酉，作卯，非。力求切。

祺謹按：張有此說乃直接引用徐鉉之說，見《說文・金部》「鎦」下注曰：
「徐鍇曰：『《說文》無劉字，偏旁有之，此字又史傳所不見，疑此即劉字
也……。』」

d、🏮 郯，國也，从邑覃。俗作譚，非。《說文》注義有譚長，疑後
人傳寫之誤，徒含切。

祺謹按：張有此說乃直接引用徐鉉之說，見《說文・邑部》「鄲」下注曰：「臣鉉等曰：今作譚，非。《說文》注義有譚長，疑後人傳寫之誤。」

e、㠯　㠯，用也，从反巳，秦刻作以，《說文》不加人字。羊止切。

祺謹按：段玉裁注《說文・巳部》「㠯」曰：「今字皆作以。由隸變加人於右也。」據段說可知，《說文》確無「以」，「以」字乃隸變後出，張有所言是。

f、㝃　㝃，生子免身也，从子免。《說文》無免字。疑此字从毚省，通用爲解免之免，本音芳萬切。

祺謹按：張有此說乃引自徐鉉本《說文》，見《說文・子部》「㝃」下注曰：「徐鍇曰：『《說文》無免字。疑此字从毚省通用，爲解免之免、晚冕之類，皆當从㝃省。芳萬切。臣鉉等曰：『今俗作亡辯切。』。」

g、繜　繜，衣狀如襜褕者，从糸尊。楊倞注《荀子》云：繜與撙同。或作傅。《說文》作墫，从士。俗作撙，从手，非。祖本切。

祺謹按：張有認爲「撙」字形最早不見於《說文》，楊倞注《荀子》用「撙」，應改爲見於《說文・士部》之「墫」爲是。

h、笑　笑，喜也。俗从竹，从犬，而不述其義。案《說文》从竹，从夭，義云竹得風，其體夭屈如人之笑，未知其審。別作咲关，竝非。私妙切。

祺謹按：張有此說乃引自徐鉉本《說文》，見《說文・竹部》「笑」下注曰：「此字本闕，臣鉉等案：孫愐《唐韻》引《說文》云：『喜也，从竹，从犬，而不述其義。今俗皆从犬。』又案：李陽冰刊定《說文》，从竹，从夭，義云：『竹得風，其體夭屈如人之笑，未知其審。』私妙切。」

（3）明引自《玉篇》，僅有二例，如下：

a、蘂　蘂，垂也，一曰艸木華蘂，从惢糸。別作蕊俗。《玉篇》作蕋同，如壘切。

祺謹按：出自《玉篇・卷二十九》：「蕋，如壘切，蕋蕋草不實，今作蘂，又儒佳切。」

b、觜　觜，識也、藏也。《玉篇》云：鳥喙也，从此束，遵誄切。別作訾，音遵爲切。鴟舊頭上觜角也，一曰星名，將支切。

祺謹按：出自《玉篇・卷一百二十一》：「觜，子累切，觜口也，鳥喙也。

《說文》云：『識也，一曰藏也』。」

　　（4）明引自《切韻》，僅有一例，如下：

　　　　頞　　娞，好兒，从女夋，而沇切。案《切韻》又奴困切。別作輭嫩，
　　　　　　　　竝非。

　　祺謹按：張有直接引自《說文》。

　　（5）明引自《五經文字》，僅有一例，如下：

　　　　鎬　　鎬，餉也，一曰溫器也，从金高。別作犒，非。《五經文字》
　　　　　　　　注：勞師也，借槁字爲之。口到切，又乎老切。

　　祺謹按：出自《五經文字・卷上・牛部》：「犒，勞師也，見《春秋傳》。
《周禮》借槁字爲之。」

　　3、史書類

　　（1）明引自《國語》，僅有一例，如下：

　　　　捲　　捲，气勢也，从手卷。《國語》曰：有捲勇。一曰收也。巨負
　　　　　　　　切。今俗作居轉切，以爲舒捲之捲，文二。

　　祺謹按：張有引自《說文》，可見於《國語・卷六》：「桓公又問焉曰：『於
子之鄉，有拳勇股肱之力秀出於衆者？』」

　　（2）明引自《戰國策》，僅有一例，如下：

　　　　鱓　　鱓，魚名，似虵者。《戰國策》曰：蠶似蜀、鱓似虵。从魚單。
　　　　　　　　別作鱔，非。

　　祺謹按：「蠶似蜀、鱓似虵」不見於《戰國策》。只知《六書故・卷二十》
云：「韓非曰：『蠶似蜀。』」、「淮南子曰：『鱓似虵。』」其他不見出於《戰國
策》之說，故張有此說有疑。

　　（3）明引自《史記》，僅有一例，如下：

　　　　俴　　俴，淺也。《史記》：能薄而材俴，从人，从戔。別作譾，非。
　　　　　　　　慈衍切。

　　祺謹按：見於《史記・李斯列傳》：「能薄而材譾，彊因人之功，是不能
也。」

　　4、子書類

　　（1）明引自《老子》，僅有一例，如下：

　　　　嚘　　嚘，語未定兒，从口憂，一曰歐嚘，气逆也。《老子》：終日

號而不嚘。別作歗嗄，竝非。

祺謹按：見於《老子·第五十五章》：「終日號而不嚘，和之至也。」

（2）明引自《孟子》，僅有一例，如下：

質 質，至也。《周書》曰：大命不質。《孟子》曰：出疆必載質，從貝從所。或作贄同。別作贄，非。脂利切，又之日切，以物相贄者也，文二。

祺謹按：見於《孟子·滕文公下》孟子曰：「仕。傳曰：『孔子三月無君，則皇皇如也，出疆必載質。』」

（3）明引自《荀子》楊倞注，僅有一例，如下：

縛 縛，衣狀如襜褕者，從糸尊。楊倞注《荀子》云：縛與撙同，或作傅。《說文》作撙，從士。俗作撙，從手，非。祖本切。

祺謹按：見於《荀子·不苟篇第三》：「君子能則寬容易直以開道人，不能則恭敬繜絀以畏事人。」楊倞注：「繜與撙同，絀與黜同，謂自撙節貶損也。」

5、雜書類

（1）明引自「道書」，僅有一例，如下：

仝 仝，完也，從入工。或作玉，純玉曰仝。道書以仝為同字，疾緣切。

祺謹按：此「道書」不見於《說文》，《廣韻·平聲·一東》：「仝，古文出道書。」張有此說法與《廣韻》同，可參，惜不知所指道書為何書。

（2）明引自「釋書」，僅有一例，如下：

讖 讖，驗也，釋書一曰悔過也，從言韱。別作懺，非。人鑑切，又楚蔭切。

祺謹按：張有言讖有「悔過也」之意，不見於《復古編》以前字書，但《康熙字典·卯集上·心部》載錄道：「《集韻》：『懺讖，又鑑切，悔也。或從言。』《韻補》：『自陳悔也，懺悔見《釋典》。』」〔註19〕據此可知，張有以「讖」兼包懺悔之「懺」，因「懺」不見於《說文》。而張有言「悔過也」出自「釋書」當是無誤。

綜上所述，全書共引五十三次書證，可分為五大類、二十三本書。統計

〔註19〕〔清〕張玉書等撰：《康熙字典》（臺南：大孚書局，2002年3月），頁336。

數量於下表：

《復古編》引用書證次數統計表

	書　名	引用次數	《說文》原引	張有自舉
經傳類	《詩經》	4	4	0
	《尚書》	6	4	2
	《周禮》	3	2	1
	《禮記》	2	0	2
	《易經》	2	0	2
	《春秋》	1	1	0
	《孝經》	1	1	0
	《書大傳》	1	0	1
	《春秋傳》	3	3	0
	《明堂》、《月令》	1	0	1
字韻書類	《爾雅》	7	4	3
	《說文》	8	5	3
	《玉篇》	2	0	2
	《切韻》	1	1	0
	《五經文字》	1	0	1
史書類	《國語》	1	1	0
	《戰國策》	1	0	1
	《史記》	1	0	1
子書類	《老子》	1	0	1
	《孟子》	1	0	1
	楊倞注《荀子》	1	0	1
雜書	道書	1	0	1
	釋書	1	0	1
5 類	23 本	51 次	26 次	25 次

由此表可看出張有引書證，半數是《說文》原引，且多是經傳類，其中《爾雅》、《說文》的比例較高，證明張有對於《說文》及「古學」之重視，也知《復古編》之編纂取義，除《說文》外，還有參酌其他書籍。

三、釋字形

書中說解文字之形，均依《說文》，作「从某从某」或「从某某」。形聲字《說文》作从某，某聲，以釋形符、聲符之別，而《復古編》釋形最大特點是形聲字不言「从某聲」，與形符皆只釋「从某」，如：

踦　蹟，登也，从足齊。別作隮，非。

箋　箋，表識書也，从竹戔。別作牋，非。則前切。

涌　涌，滕也，从水甬。別作湧，非。余隴切，文二。

亦有例外之字，依全書體例觀看，應是抄錄時所誤，例子如：

蚩　蚩，蟲也，从虫之聲。別作嗤媸，竝非。赤之切。

棊　棊，博棊，从木其聲。別作碁，非。渠之切。

稘　稘，復其時也，从禾其聲。別作朞，非。居之切。

釋字形多依《說文》，來源有三：

（一）《說文》正篆

珍　珍，寶也，从玉㐱。別作珎，非。陟鄰切。

瓮　瓮，罌也，从瓦公。別作甕，非。烏貢切。

衄　衄，鼻出血也，从血丑。別作衂，从刃，非。

（二）《說文》古文

圁　圁，公及士搢也，籀文作圁，象形，佩也，古圁佩之。後人加笏，呼骨切。

祺謹按：《說文‧竹部》：「笏，公及士所搢也，从竹，勿聲。案籀文作圁，象形，義云佩也，古笏佩之。此字後人所加，呼骨切。」《說文‧日部》：「圁，出气詞也，从日，象气出形。《春秋傳》曰：「鄭太子圁。」呼古切。張有此處釋《說文》「笏」之義，但未使用《說文》篆字「笏」，而使用籀文「圁」，「圁」於《說文》釋爲出气詞。

（三）字書所無，置而不論

爲復《說文》古貌，全書正字皆採《說文》，而部份別字異體，也許張有不知何來，所以只列出而不批評。

1、娓　娓，順也，从女尾。《易》曰：定天下之娓娓。俗別作亹，字書所無，不知所從，無以下筆。

2、介 介，畫也，从八，从人。俗別作个。字書所無，不知所从，
無以下筆。明堂左右个者。明堂，旁室也，當作介，古拜切，
文二。

3、菓 菓，斗櫟實也，一曰象斗子，从艸早，自保切。俗以此爲艸
木之艸。別作皁字，爲黑色之皁。案櫟實可染帛爲黑色，故
通用爲草棧字。俗書皁，从白从十。或从白从七（皀），皆無
意義，無以下筆。

四、釋正字

全書中言「正」處有二，如下：

燾 燾，溥覆照也，从火壽。別作幬，非。幬，正作幬，禪帳也，
音直由、重朱二切。

原 原，水原本也，正作厵，从三泉出厂下。或从一泉。別作源，
非。愚袁切。

幬，「正作幬」是直截依篆書隸定字形；原，「正作厵」是依《說文》，
見《說文‧泉部》：「厵，水泉本也，从灥出厂下。原，篆文从泉。」張有仍
依《說文》「篆文」爲先，所以作「原」，而言正作厵，所謂正作是指《說文》
所選用。

五、釋俗字

詮釋俗字，全書中言「俗」之處，有九十四例，舉例如下：

崇 崇，嵬高也，从山宗。別作崈俗，鉏弓切。

疴 疴，病也，从疒可。隸作痾俗，烏何切。

夓 夓，中國之人也，从夊，从頁臼。隸作夏俗，胡雅切。

識 識，記也、常也、知也，从言戠。別作誌俗，職利切。

霻 霻，凝雨說物者，从雨彗，隸作雪俗，相絕切。

六、釋譌字

詮釋譌字，全書中直接言「譌」之處，有三例，如下：

叚 叚，椎物也，从殳嵩省。今作叚，音古雅切，譌。

惪 惪，惠也，从心无，古文作憅，篆文作惪，从既省，今作惪，

從旡譱，烏代切。

盼　盼，《詩》：美目盼兮。從目，從分，匹莧切。別作眅，音胡計切，譌。

此外，全書中凡直斥為「非」者，即視為訛字，如：

鴡　鴡，王鴡也，從鳥且。別作雎，非。

繀　繀，繹絲也，從糸巢。別作繰，非。

苣　苣，束葦燒也，從艸巨。別作炬，非。

七、釋通用字

詮釋與正字通同之字。全書中言「通用」之例，有以下七例：

吅　吅，驚呼也，從二口，通用讙。別作喧，非。

婾　婾，巧黠也，從女俞，通用愉。別作偷，非。託矦切。

豈　豈，還師振旅樂也，一曰欲也、登也，從豆微省，通用為愷康字。別作凱，非。虛里切，又苦亥切。

愷　愷，樂也，又南風也，通作豈。別作凱颽，非。可亥切。

菒　菒，斗櫟實也，一曰象斗子，從艸早，自保切。俗以此為艸木之艸。別作皁字，為黑色之皁。案櫟實可染帛為黑色，故通用為草棧字。俗書皁，從白從十。或從白從七（皀），皆無意義，無以下筆。

敶　敶，列也，從攴陳，通用陳字。別作陣，非。直刃切。

勺　勺，挹取也，象形，之若切，又市若切。今俗以杓為枍杓之杓，非。杓，甫搖切，斗柄也，又都歷切。射的也。別作彴，非。通用的字。

八、釋或體字

以「或從某」、「或作某同」為訓釋體例。前四例只舉出可替之字根，（　）內為替換字根後之字；後二例直接舉出或體。

嘖　嘖，大呼也，從口責。或從言（讀）。別作嘖，從臣，非。士革切。

朘　朘，赤子陰也，從肉夋。或從血（峻）。別作屡，非。子回切。

耨，耨田器也，从木辱。或从金（鎒）。別作耨，非。奴豆切。

壻，夫也，从士胥。或从女（婿）。別作聟，非。

簏，竹高篋也，从竹鹿。或作箓同。別作盝，非。盧谷切，文二。

匊，在手曰匊，从勹米。或作掬同。別作掬，非。居六切，文二。

九、釋書體

（一）明為篆文。只有一例，如：

悥，慧也，从心旡，古文作愍，篆文作悥，从旣省，今作悥，从旡譌，烏代切。

（二）明為籀文。例共有七，如：

麇，麠也，从鹿囷省。籀文不省（麐）。別作麏，非。居筠切。

冪，豕鬣如筆管者，从彑，从高。籀文作豪。又九江郡，古鍾離國，隋改作州。別作濠毫，竝非。乎刀切。

齴，陋也，从𨸏㘮。㘮，籀文嗌字。或作隘同。別作阨，非。烏懈切。

譮，合會善言也，从言舌，籀文从言會。別作話，从舌者，非。胡快切。

痰，熱病也，从疒火，俗作痰，非。別作疹。籀文胗字，音之忍切。

粟，嘉穀實也，从卤从米，籀文作𥻆。別作粟，非。相玉切。

玦，公及士搢也，籀文作玦，象形，佩也，古玦佩之。後人加笏，呼骨切。

十、釋古今字

（一）古字

言「古」之體例共有二十七例、二十八字，可分「古作」、「古文某」、「古文作某」等方式，分別舉例入下：

1、古作

全書共有此類十一例，因有一例是收兩古字，故共有十二字例。

　　杶，木也，从木屯。或作櫄，古作杻。隸作櫄，敕倫切。

　　脣，口耑也，从肉辰，食倫切，古作𦜝。別作唇，非。唇，音側鄰切。

　　磺，銅鐵樸石，从石黃，古作卝，作礦鑛，非。古猛切。

　　禼，蟲也，从内，象形。古作萬同。別作卨，非。

2、古文某字、古文作某

此類包含「古文某字」、「古文作某」兩種方式，全書共有十六例。

　　鵬，亦古文鳳字。隸作鵬字。

　　侃，剛直也，从伣。伣，古文信字，从川，取其不舍晝夜也。別作偘，非。空旱切。

　　毆，捶擊物也，从殳區，烏后切。別作敺，从攴，古文驅字。文二。

　　顧，還視也，从頁雇，古慕切，俗別作頋，古文脣字。

　　庵，卻屋也，从广庐。別作斥，非。斥，古文厂字也。昌石切。

（二）今字

言「今」多用「今作某」之體例，計有二十三字，舉例如下：

　　杼，械也，从木手，今作杻，古文杶字。別作扭，非。敕九切。

　　酢，醶也，从酉乍，倉故切。今作醋，音在各切。

　　洟，鼻液也，从水夷。今作涕，从水弟，他礼切，泣也。

　　檴，木也，一曰惡木也，从木廓。今作樺，乎化切，與樺同，以其皮裹松脂者。

　　魏，高也，从鬼委，本牛威切，今人省山以爲魏國之魏，虞貴切。

十一、明出處

舉書例替《復古編》說解作旁證說明,如:

俴,淺也。《史記》:能薄而材俴,从人,从戔。別作諓,非。慈衍切。

噯,語未定兒,从口憂,一曰歐噯,气逆也。《老子》:終日號而不噯。別作歗嗄,竝非。

質,至也。《周書》曰:大命不質。《孟子》曰:出疆必載質,从貝从所。或作贄同。別作贄,非。脂利切,又之日切,以物相贅者也,文二。

盡,器中空也,从皿㶳,慈忍切,又即忍切。《禮記》曰:虛坐盡前。別作儘,非。

十二、又作某

此類說明除正字之標準形音義外,尚有其他近似而非誤之字,可再細分字形、字音、字義三方面,以下分說:

(一)字 形

宛,汙衺下也,从穴瓜,烏瓜切。又作窳,以主切,汙窬也。別作窊,非。

圅,舌也,象形,舌體弓弓。或作肣同,又作函,亦筆迹小異。別作凾,非。胡男切。

或,邦也,从口戈以守一。一,地也。又作域,同于逼切。別作胡國切,以爲疑。或不定之意,無復域音。文三。

(二)字 音

富,滿也,从高省,象高厚之形,又當也。或作畐,小未也。別作答亯,並非。德合切,又伏堛二音。

鏦,矛也,从金從。或作鏉。別作鏓,非。七恭切,又楚江切。

逢,遇也,从辵峯省。別作逄,非。符容切,又步江切。

(三)字 義

龓,兼有也,从有龍,又馬鞁也。別作鞴,非。

蘺，艸名，从艸離，又藩也。別作籬，非。

踦，一足也，从足奇，又旅寓也。別作羇，非。去奇切。

十三、釋隸變

此類言經過隸變後之別字，字形殊於《說文》正篆，如：

競，彊語也，一曰逐也，从誩二人。隸作競，渠慶切。

歬，不行而進謂之歬，从止在舟上。隸作前，昨先切。

淖，从水朝省。隸作潮俗。直遙切。

䑋，鹹也，从鹵差省。隸作䑋。別作醝，非。

痾，病也，从疒可。隸作痾俗，烏何切。

十四、與某同

此類字是指該字爲與某字同義、同音但異形的異體字，如：

而，頰毛，象形。別作髵，非。又作耏，奴代切，與耐同。

坐，止也，从土留省，土所止也，與留同意，古文作坐同。別作座坐，竝非。徂卧切。

刅，造法刅業也，从井刅，初亮切。別作創，音楚良切，與刅同。

十五、案語

皆是張有爲作特別說明而用，共有七例。六例用「案」，一例用「按」，如下：

菆，麻烝也，一曰蓐也，从艸取。案《周禮》爲塗菆字。別用攢，非。又側鳩切。

醒，醉解也，从酉星。案醒字注，一曰醉而覺也。古醒亦音醒也。別作惺，非。桑經切，文二。

嫨，好皃，从女耎，而沇切。案《切韻》又奴困切。別作軟嫩，竝非。

草，斗櫟實也，一曰象斗子，从艸早，自保切。俗以此爲艸木之艸。別作皁字，爲黑色之皁。案櫟實可染帛爲黑色，故通用爲草棧字。俗書皁，从白从十。或从白从七（皀），皆無

意義，無以下筆。

景 景，光也，從日京，居影切。案影者，光景之類也，合通用
景，非。毛髮藻飾之事，不當從彡，文二。

笑 笑，喜也。俗從竹，從犬，而不述其義。案《說文》從竹，
從夭，義云竹得風，其體夭屈如人之笑，未知其審。別作咲
关，竝非。私妙切。

金 金，五色金也，從土左右注，象金在土中形，今聲。按今字
從亼，從乁。乁，古及字，金從反乁，後人傳寫之誤，當從正
丁字。居音切，文三。

第三節　《復古編》附錄內容類述

　　《復古編》附錄分爲「聯緜字」、「形聲相類」、「形相類」、「聲相類」、「筆
迹小異」、「上正下譌」六類，除「聯緜字」一類較爲特殊，置於第五章討論，
其餘五類將於此節作解析。附錄因收錄字組之目的殊異，故不似正文以四聲
排列、兩百零六韻爲次第，且再細察，亦非參酌《說文》五百四十部首之分
部。筆者以爲，附錄僅是搜羅大量字例，加以辨析，茲依其內容，分爲五類
如下：

壹、形聲相類

　　此類共有一百二十六組，說解「形體」相近與「聲音」（即切語）相同之
字，其中一百零九組爲二字一組，說解順序有八，第一，正篆；第二，兩字
切語；第三，首字楷體；第四，首字釋形；第五，首字釋義；第六，次字楷
體；第七，次字釋形；第八，次字釋義。字例如下：

鍾鐘 竝職容切。鍾，從金重，酒器也；鐘，從金童，樂也，秋分
之音。

柂移 竝弋支切。柂，從木多，棠棣也；移，從禾多，相倚移也。

彊強 竝巨良切。彊，從弓畺，弓有力也；強，從虫弘，蚚也。

如有或體、異體，有時置於字義後，有時置於隸定楷字或字形後，例如下：

由畱 竝側詞切。由，象缶形；畱，從甾田，不耕田也，或作菑同。

㫗㫒　竝食鄰切。晨，从日辰，或作㫒，房星爲民田時者；晨，从
　　　辰臼，早昧爽也。

㲝㩮　竝良涉切。㲝，鬣同，或从毛巤，或从豕巤；㩮，从手巤，
　　　理持也。

此類字之篆形、隸定之楷體、說解之字形、字音、字義，皆出自《說文》。因形聲相類，所以張有先竝稱兩字之相同切語，接著釋字形與字義時，則先云「从某某」，再云「某也」，因爲「形體」近似，但意義不同，故釋義置於最後。

貳、形相類

　　此類共有兩百三十八組，說解「形體」相近，但「聲音」（即切語）不同之字，其中兩百零九組爲二字一組，解說次序有九：第一，正篆；第二，首字楷體；第三，首字釋形；第四，首字切語；第五，首字釋義；第六，次字楷體；第七，次字釋形；第八，次字釋音；第九，次字釋義。字例如下：

扉扉　扉，从戶非，甫微切，戶扇也；扉，从尸非，扶沸切，履也。

居居　居，从尸古，九魚切，蹲也；居，从古厂，矦古切，美石也。

毛手　毛，眉髮及獸毛也，象形，莫袍切；手，拳也，象形，書九
　　　切。

字組中篆形、隸定之楷體、說解之字形、字音、字義，皆出自《說文》。另有二十九組字比較三個形似字，說解方式如下：

敺毆歐　上敺，古文驅；中毆，烏后切，从攴區，捶擊物也；下歐，
　　　　亦烏后切，吐也，从欠區。

敲毃歊　上敲，从攴高，橫擿也，口交切；中毃，从攴高，擊頭也，
　　　　口卓切；下歊，从欠高，歊歊，气出兒，許嬌切。

三字一組之例，則分上、中、下各別訓解形、義、音，以明其差別。

參、聲相類

　　此類說解切語相同，但形構有異之二字，說解順序有八，第一，正篆；第二，兩字切語；第三，首字楷體；第四，首字釋義；第五，首字釋形；第六，次字楷體；第七，次字釋義；第八，次字釋形。字例如下：

  瓄鐶 竝戶關切。環，璧也，从玉睘；鐶，釭也，从金爰。

  启启 竝康禮切。启，開也，从戶口；啓，教也，从攴启。

  童僮 竝徒紅切。童，奴也，从辛重省；僮，未冠也，从人童。

細察這類字例，可知除切語相同外，兩字字根間，仍有部分相似，甚至相同。
茲分類舉例說明如下：

一、部首相同

  璪璩 竝子浩切。璪，玉飾如藻之文，从玉喿；璩，石之似玉者，
    从玉巢。

  鄒鄹 竝側鳩切。鄒，魯縣古邾國，顓帝之後所封，从邑芻；鄹，
    魯下邑，孔子之鄉也，从邑取。

二、聲符音同或音近

  芩荃 竝巨今切。芩，艸也，从艸今；荃，黃荃，藥名，从艸金。

  蕩瀁 竝徒朗切。蕩，水名，从水募；瀁，漾水動搖也，从水象。（募
    音湯）

三、前字為後字聲符

  气氣 竝去旣切。气，雲气也，象形；氣，饋客芻米也，从米气。

  童僮 竝徒紅切。童，奴也，从辛重省；僮，未冠也，从人童。

四、後字為前字聲符

  假段 竝古雅切。假，非眞也，从人，从叚；叚，借也。

肆、筆迹小異

這類字組是兩個字形相似度極高的篆字比較，首字是《說文》正篆，次
字為張有所見之其他寫法，與正篆稍有差異，但仍不致辨識錯誤。說解方式
為先列篆字，再列楷體，最後附上反切。

  行行 行，戶庚切。

  革革 革，古覈切。

  刀刀 刀，都牢切。

  六六 六，力竹切。

  入人 入，人汁切。

伍、上正下譌

這類字組為一字之兩種寫法，首字是《說文》正篆，次字為張有所見之「錯誤」寫法，即譌字，需辨識清楚，以免舛誤。說解方式是先列篆字，再列楷體，最後附上反切。

步，薄故切。

乃，奴亥切。

可，肯我切。

豆，徒候切。

井，子郢切。

原書未明此五類字組揀選字例之標準，但就字例而觀，五類各自重視之目的不同，故字組間排列也不同。形聲相類之字，字音、字形要同類，所以先釋音，再釋形，後釋義；形相類之字，著重在字形相似，所以先釋形，再釋音，後釋義；聲相類之字，強調切語相同，故先釋音，再釋義，後釋形；筆迹小異與上正下譌之字，皆是一字之異形，所以都先列出兩個近似的篆形，後置楷體正字並釋音。這樣的編排，次序清楚，一目瞭然，很快就能理解同組字組間細微的差異，這正是張有編輯之用心。

第四節　重要字樣書體例比較

自《說文解字》以降，歷來重要字書大多依循《說文》體例，如《玉篇》、《五經文字》、《九經字樣》諸書，部次雖稍異，然以形分部，歸字井然，但至隋唐時代，因為作詩、押韻的需要，再加上佛學推廣，四聲調及反切的應用下，各式韻書遂由此誕生，諸如魏代李登《聲類》、晉代呂靜《韻集》、乃至今存最早之隋代陸法言《切韻》，以及唐代孫愐《唐韻》、宋代官修《廣韻》、《集韻》等書。

唐代顏元孫《干祿字書》是首部以四聲音序歸字分類的字樣書，晚出之《佩觿》、《復古編》、《字鑑》皆受其影響。此四聲分類與傳統《說文》以形分類迥異，乃至更晚的《字彙》、《康熙字典》以部首筆畫分類者相比，有所不同。以下取唐至清，各代重要字樣書——唐代顏元孫《干祿字書》、張參《五經文字》、唐玄度《九經字樣》；宋代郭忠恕《佩觿》、李從周《字通》；元代李文仲《字鑑》；明代梅膺祚《字彙》與清代康熙帝御敕《康熙字典》，作一

編輯體例上的比較，以探同異、別目的、曉流衍，而列表呈現如下：

重要字樣書體例比較異同表〔註 20〕

時代／作者／書名	歸字分類方法	卷數	編輯體例概要	書中字例	著書目的
唐代／顏元孫／《干祿字書》	音序	1 卷	用平上去入四聲作次序，每字再分正、俗、通三體，偏旁相同者，不重覆出現。辨似形、聲相近之字。	平聲 聡聰聰，上中通下正，諸從忩者竝同，他皆放此。 上聲 娗嫂嫂上俗中通下正	爲士人干祿，定章表書判之標準而作。
唐代／張參／《五經文字》	形類	3 卷	依《說文》部首，分一百六十部，各字以類相从，詳考《五經》中文字形體變化，兼注各字音義。其除爿、弋、廿、襾、亷五部爲《說文》所無，其他一百五十五部皆出自《說文》。 序曰：「《說文》體包古今，先得六書之要，有不備者，求之《字林》，其或古體難明眾情驚懵者，則以石經之餘，比例爲助。石經湮沒所存者寡，通引經典及釋文相承隸省，引而申之，不敢專也。」	手部 拳也，凡在左者，皆依石經作扌。凡壹伯伍拾貳字。 挖搜 色留反，上《說文》下經典相承，隸省。見《詩頌》。	爲經典清除異體，定「標準用字」。〈序〉云：「近代字樣，多依四聲，傳寫之後，偏旁漸失。」
唐代／唐玄度／《九經字樣》	形類	1 卷	實爲《五經文字》補編，參其他字書，糾正《五經文字》之字體訛誤，並續補經典中未收的四百二十一字，分爲七十六部。序中提及續補標準爲：「今與校勘官同商較是非，取其適中。」	火部 凡一十字三字重文 焜 音毀，火也。《詩》曰：王室如焜。今經典相承作燬。	同《五經文字》主旨而補編。
宋代／郭忠恕／《佩觿》	音序	3 卷	上卷闡述編輯旨意及對形聲訛變的看法，分爲造字、四聲、傳寫三科；中、下二卷則取字畫、聲音近似易混者，以四聲分十段，注釋音義之異。	平聲上聲相對 莞筦，上戶官翻，草名；下與管同，地名。 平聲去聲相對	解釋學童學知識字時困難之用。

〔註 20〕本表部分參自王世豪《南宋李從周《字通》研究》「字樣書體例比較表」。參王世豪《南宋李從周《字通》研究》（臺北：東吳大學中國文學研究所碩士論文，民國 98 年 6 月），頁 61～62。

			卷末附辨正訛誤的字。	杭抗，上戶剛翻，杭州；下苦浪翻，抗舉。	
宋代／張有／《復古編》	音序	2卷	按上平、下平、上、去、入四聲，分列諸字，字序再依兩百零六韻之韻次編排。總據《說文》，以篆字正體、別體俗字以楷書附於注中。後有辨證六門爲聯緜字、形聲相類、形相類、聲相類、筆迹小異、上正下譌。	上平聲 雝 雝，雝𪌶也，从隹邑。別作雍噰嗈竝非。於容切，文三。 邕 邕，四方有水，自邕城池者，从川邑。別作壅非。 癰 癰，腫也，从广雝。別作臃非。	辨析他書字畫訛誤，正文字之本源。
宋代／李從周／《字通》	形類	1卷	依楷體點畫偏旁分八十九類，以篆文、古文作字頭。每字下引《說文》釋字，注內附屬該字頭之楷字，並辨析字形、古今隸變之形體。附錄糾舉俗字八十二字爲例。	旁一點類 戍 戍，莫候切。中宮也。象六甲五龍相拘絞。成、戌等字从此。 旁兩點類 二 二，而志切。地之數也。从偶。次、匀等字从此。於、太亦如此作。	推本《說文》，以今溯古，以楷求篆。
元代／李文仲／《字鑑》	音序	5卷	李文仲伯父李伯英收錄字同音異者，著爲《韻類》，李文仲補《韻類》不足，刊除俗謬而成。 根據《說文》，依平上去入四聲和二百零六韻部分列文字，注釋音義，舉出歷來用字錯誤與俗體訛誤之處，糾正《五經文字》等書。	平聲二冬 冬，都宗切，《說文》四時盡也，下从冫，音冰。 上聲六止 恥，丑里切，《說文》辱也，从心耳聲。《五經文字》云从止作耻，譌。	辨析俗正字形之从屬，繼承《干祿字書》字樣整理觀念，且青出於藍，字例分析更加透徹。
明代／梅膺祚／《字彙》	部首筆畫	14卷	書前有序、凡例與目錄。首卷有五項「運筆」、「从古」、「遵時」、「古今通用」、「檢字」附錄，卷末有「辨似」、「醒誤」、「韻法直圖」、「韻法橫圖」四種內容。正文依部首筆畫，用地支之名分十二卷，收錄三萬三千一百七十九字。	却，古却字……此本字也，从谷，谷音其虐切，非山谷字，後人變爲却，又轉爲卻。 朦，莫紅切，音蒙，大也……月部與此不同。	蒐羅經典用字，以「古今通用」原則作整理。

清代／陳廷敬等／《康熙字典》	部首筆畫	42卷	以《字彙》、《正字通》爲本，用二一四部首分收四萬七千零三十五字，二一四部首則依筆畫順序，用十二地支爲名，分十二集，每集再分上中下三卷。書首列總目、等韻、檢字、辨似等各一卷，末附補遺、備考各一卷。 正文字下列各韻書反切，再釋義，引古書爲證。	子集中・人部 安，《唐韻》烏寒切；《集韻》於寒切，达音安；《說文》晏也，與安通。	奉敕編纂，勘正前代字書之誤，作天下用字標準。

據上表可知，自唐至清各重要字樣書編排方式之差異，可概括四點而論：

一、歸字分類

唐代時，「字樣學」漸成系統化，以顏元孫《干祿字書》爲首，領銜宋代郭忠恕《佩觽》、張有《復古編》、元代李文仲《字鑑》等書。此類書籍爲求「字樣」標準與辨似形構筆畫差異，遂以音序爲排列方式，將聲音相同者置於同處，分辨字音、字形相近之字在字形筆畫上的差異，而不致訛誤；《五經文字》成書目的是爲經典清除異體，統一字形寫法，建立用字的標準，所以分辨形似字之筆畫差異，非其重點，且張參於〈序〉明言：「近代字樣，多依四聲，傳寫之後，偏旁漸失。」〔註21〕所以張參著《五經文字》方以《說文》爲主，並同以部類編排。續補之作《九經字樣》，以及宋代李從周《字通》皆與《五經文字》相同，以形體分類歸字；至明代《字彙》漸約併爲二一四部，再以部首筆畫爲次序，清代《康熙字典》亦採此編排方式，目的是爲檢閱方便，今日現代字典也深受影響，都依部首筆畫歸類。

二、詮釋體例

《干祿字書》於詮釋近似字組時，會並列二字而云「上某，下某」，《五經文字》、《九經字樣》、《佩觽》均有此方式，《復古編》正文中雖無，然附錄中「形聲相類」、「形相類」、「聲相類」皆有部分字組依此方式，亦云「上某，下某」或是「上某，中某，下某」。晚出之《字通》、《字鑑》、《字彙》、《康熙字典》則不這樣訓解。

此外，《干祿字書》會將偏旁相同之字，以「從某者竝準此」、「從某者竝同，他皆仿此」等方式作標準說明，如「旧臼，竝上俗下正，諸字從臼者

竝準此。」〔註 22〕、「聰聰聰，上中通下正，諸從怱者竝同，他皆仿此。」
〔註 23〕；同樣見於《五經文字》：「樀樀，丁曆反，上《說文》從啇，下石經。
凡敵滴適之類皆從商。」〔註 24〕；也見《九經字樣》：「旨言，美也，從甘匕
聲。上《說文》，下隸省，脂指等字從之。」〔註 25〕；《復古編》亦有此體例：
「牀牀，安身之坐者，从木爿。爿則广之省。至於牆、壯、戕、狀之屬竝
當从牀省。別作床非。仕莊切。」〔註 26〕；《字通》則採「某某等字从此」
方式爲注；《字鑑》作「辰，丞眞切，時也，中从二，古文上字。凡辱脣之
類从丨。俗作辰。」〔註 27〕以上諸書詮釋方式，雖用字稍異，然皆有形旁相
同、以此類推的觀念，是編輯觀念的傳承。晚出的《字彙》、《康熙字典》因
收字廣博，形旁相同字可兼收見於書中，故未採此種「以此類推」的編輯方
式。

三、字樣標準

《復古編》與《字通》皆以篆文爲字首，帶領以下俗別字，其他字書則
未採此方式，這與正字標準有關，因《復古編》與《字通》是以《說文》爲
正字，去分別當時的俗別字，正字必是合於《說文》，所以會有以篆律楷、以
古律今的缺失；《干祿字書》、《佩觿》、《字鑑》、《字彙》、《康熙字典》則採時
宜的字樣觀念，雖以《說文》爲正宗，但不全依《說文》正字爲準，而根據
當代用字習慣，適當調整準則，與時俱進；《五經文字》、《九經字樣》則規範
經典的用字，對通俗使用的文字不多加涉獵。

四、字級概念

《干祿字書》有正俗通的三級文字階層，《五經文字》、《九經字樣》、《佩
觿》也深受影響，亦有字級的觀念，而《復古編》雖無名言，實則具有區分

〔註 22〕 〔唐〕顏元孫撰：《干祿字書》，《中華漢語工具書書庫》冊 11（合肥：安徽教育出版社 2002 年 6 月），頁 590。

〔註 23〕 〔唐〕顏元孫撰：《干祿字書》，《中華漢語工具書書庫》冊 11，頁 588。

〔註 24〕 〔唐〕張參撰：《五經文字》，《中華漢語工具書書庫》冊 12，頁 9。

〔註 25〕 〔唐〕唐玄度撰：《九經字樣》，《中華漢語工具書書庫》冊 12（合肥：安徽教育出版社，2002 年 6 月），頁 106。

〔註 26〕 〔宋〕張有撰：《復古編》，《中華漢語工具書書庫》冊 12（合肥：安徽教育出版社，2002 年 6 月），頁 164。

〔註 27〕 〔元〕李文仲撰：《字鑑》，《中華漢語工具書書庫》冊 12（合肥：安徽教育出版社，2002 年 6 月），頁 405。

字體標準，以《說文》正體爲第一級，是最標準的字體；其他未言「非」之俗體、別體、或體、隸書、或是通同字，則是爲時俗所用，且無法否定其用字正確性是爲第二級，這級字中，古文、籀文算是比較特殊的，雖然見於《說文》，但已被許愼視爲「古」、「籀」，並非《說文》最正之字，張有同採此看法，所以古文、籀文置於第二級字；第三級字，則是俗、別體等被張有言「非」之字，性質上實屬於「訛字」。

《字通》辨別正俗的字級概念，則見於該書附錄；《字鑑》雖糾正《干祿字書》、《五經文字》之訛誤，但不似二者有字級概念；《字彙》、《康熙字典》雖文字資料蒐羅豐富、採時宜字樣觀，但不見明顯之字級概念。

綜上所述，這些重要的字樣書於詮釋體例、歸字分類、字樣標準、字級概念，因爲編輯者用心不同，而有所差異。不過好的編輯方式，像是「偏旁相同、以此類推」、或是字級概念等，後出者沿用的情形不少，可算是字樣書編輯觀念的傳承。同中求異、異中求同，唯有釐清字樣書的各種編輯方式，方能一探字樣書之奧祕，也免於「不得其門而入」的窘境，是字樣學研究的重要關鍵。

第四章 《復古編》字學理論探析

第一節 六書觀

張有對於六書的觀點，見於元代吳均《增修復古編》明刻本中「《說文解字》六義之圖」〔註1〕，此圖上記錄了張有對於六書之觀點，在清乾隆四十六年葛鳴陽本附錄處，也收錄了張有六書論。歷來學者論及六書時，多引宋代張有之說，如明代楊慎《丹鉛錄》記載道：

> 張謙中《復古編》謂象形者，文之純肇于此；指事者，文之加茲于此；會意者，字之純廣于此；諧聲者，字之加備于此；假借者，因其聲、借其義；轉注者，轉其聲、注其義，文字之變化無窮矣。
> 〔註2〕

據楊慎此說，張有以爲象形是「文之純肇」，即文字最初之造；指事是「文之加茲」，即在文字上加上一些符號；會意是「字之純廣」，字加字而成更多字；諧聲者是「字之加備」，即字加字而使語意更完備清楚；假借是「因其聲、借其義」，即因聲借義之假借；轉注是「轉其聲、注其義」，即所謂「聲轉」。清代顧炎武於《音論》亦曰：

〔註1〕 詳參附錄三之圖一、二。〔宋〕張有撰，〔元〕吳均增補《增修復古編》，《四庫全書存目叢書・經部・小學類・冊188）（臺南：莊嚴文化，民國86年，據北京圖書館藏明初刻本影印）。

〔註2〕 〔明〕楊慎撰：《丹鉛續錄・卷四》，收入《景印文淵閣四庫全書》冊855（臺北：臺灣商務印書館，民國75年7月），頁175。

張有曰：轉注者，展轉其聲，注釋他字之用也，如其無少長之類。

〔註3〕

顧炎武也引用了張有對於轉注的看法，是聲音轉變，替其他字作注釋的功能。

再者，《續通志》中完整收錄張有對於六書之見解，四庫館臣更有一番評論，近人胡樸安《中國文字學史》、今人黨懷興《宋元明六書研究》等亦採張有六書之說，並加以討論。由此可知，張有的六書觀念雖然只有留下短短幾行字，但對於六書的研究，當是有其承先啓後的價值，以下即先就歷來學者對於六書的看法陳述，進而比較張有六書觀念的同異。

壹、六書定義

「六書」，乃指中國文字的六種創造方法，是先民對中國文字的結構歸納整理出來的六種類型〔註4〕，六書一詞首見於《周禮‧地官‧保氏》：「保氏掌諫王惡，而養國子以道，乃教六藝：一曰五禮，二曰六樂，三曰五射，四曰五御，五曰六書，六曰九數。」〔註5〕不過《周禮》只把六書視爲六藝一種，而未列出細目。直至漢代許慎、班固、鄭眾才分別提出「六書」細目，並且視六書爲中國文字的六種結構法則。〔註6〕

貳、六書之名稱與次第

從漢代許慎、班固、鄭眾以來，眾多學者對於六書名稱與次第有許多看法，爲釐清脈絡，故將漢至清諸家說法整理製成下表，以便參閱：

漢至清諸家六書名稱與次第一覽表

作　者	書　名	六書次第與名稱	名稱次第全同者
〔漢〕班固	《漢書‧藝文志》	象形、象事、象意、象聲、轉注、假借	〔南唐〕徐鍇《說文繫傳》；〔清〕孔廣居《說文疑疑》、黃以周《六書通故》

〔註3〕〔清〕顧炎武撰：《音論》，收入《景印文淵閣四庫全書》冊241（臺北：臺灣商務印書館，民國75年7月），頁26。

〔註4〕許師錟輝：《文字學簡編》（臺北：萬卷樓圖書公司，2007年10月），頁96。

〔註5〕〔清〕阮元校刻：《十三經注疏‧周禮注疏》，（臺北：藝文印書館，民國74年），頁210。

〔註6〕許師錟輝：《文字學簡編》，頁87。

〔漢〕鄭眾	〔漢〕鄭玄《周禮‧注》引鄭眾《周禮解詁》	象形、會意、轉注、處事、假借、諧聲	
〔東漢〕許慎	《說文解字‧敘》	指事、象形、形聲、會意、轉注、假借	〔西晉〕衛恒《四體書勢》；〔清〕王鳴盛〈六書大意〉、張行孚、《六書次弟說》、張度《說文解字索隱》、程棫林〈六書次弟說〉
〔唐〕魏徵	《隋書‧經籍志》	象形、諧聲、會意、轉注、假借、處事	
〔宋〕陳彭年等	《廣韻》	象形、會意、諧聲、指事、假借、轉注	〔明〕朱之蕃《海篇心鏡》
〔宋〕陳彭年等	《大廣益會玉篇》	象形、會意、形聲、指事、假借、轉注	〔金〕韓道昭《篇海》；〔明〕湯顯祖《五侯鯖字海》
〔宋〕鄭樵	《通志‧六書略》	象形、指事、會意、轉注、諧聲、假借	
〔宋〕張有	《復古編》	象形、指事、會意、諧聲、假借、轉注	〔明〕趙撝謙《六書本義》、吳元滿《六書總要》
〔宋〕李從周	《字通》	象形、會意、轉注、指事、假借、諧聲	〔元〕《古今韻會舉要》
〔元〕戴侗	《六書故》	指事、象形、會意、轉注、諧聲、假借	
〔元〕楊桓	《六書統‧自序》	象形、會意、形聲、指事、轉注、假借	
〔元〕楊桓	《六書溯源》	象形、會意、指事、轉注、諧聲、假借	
〔元〕周伯琦	《說文字原》	象形、指事、諧聲、會意、轉注、假借	
〔元〕劉泰		象形、會意、指事、轉注、形聲、假借	
〔元〕余謙		象形、形聲、指事、會意、轉注、假借	
〔明〕僧真空	《篇韻貫珠集》	象形、指事、形聲、會意、轉注、假借	
〔明〕王應電	《同文備考‧序》	象形、會意、指事、轉注、諧聲、假借	

〔明〕張位	《問奇集》	象形、指事、會意、諧聲、轉注、假借	〔明〕朱光家《字學指南》、袁子讓《字學元元》、朱謀㙔《六書本原》、焦竑《焦氏筆乘》、梅膺祚《字彙》
〔清〕戴震	〈答江慎修論小學書〉	指事、象形、諧聲、會意、轉注、假借	
〔清〕朱駿聲	〈說文六書爻列〉	指事、象形、會意、形聲、轉注、假借	
〔清〕鄭知同	《說文淺說》	象形、指事、會意、形聲、轉注、假借	〔清〕饒炯《文字存真》、蔡金臺〈六書三耦說〉、岳森〈六書次弟說〉、廖登廷〈六書說〉

　　關於六書之名稱，許慎、班固、鄭眾足為代表，然三人看法有異，許師錟輝以為：

　　　　六書的名稱有三家不同的說法，以名實相合的原則來看，許慎的說法比較妥適。〔註7〕

意即符合六書真正內涵的名稱，當以許慎的「指事、象形、形聲、會意、轉注、假借」名稱較佳；又六書之次第，關係文字發生之先後順序，而文字發展之順序與人類心理意識發展原則有關，此發展原則有三：一是具體至抽象，二是簡單至複雜，三是主體轉為附屬。許師錟輝以為：

　　　　依文字發生的先後來看，以班固的說法比較妥適。〔註8〕

也就是依照造字的過程來看，班固的次第「象形、象事、象意、象聲、轉注、假借」較妥。總結許慎之名稱、班固之次序，「象形、指事、會意、形聲、轉注、假借」，乃今日最通行之六書說法。〔註9〕

參、張有六書觀

　　宋張有所採之名稱次序為「象形、指事、會意、諧聲、假借、轉注」。明

〔註7〕 許師已精實解析，此不贅言。詳參許師錟輝：《文字學簡編》，頁91。
〔註8〕 許師已精實解析，此不贅言。詳參許師錟輝：《文字學簡編》，頁91～92。
〔註9〕 如蔣伯潛《文字學概要》、孫海波《中國文字學》、高鴻縉《中國字例》、林尹《文字學概說》、高明《高明小學論叢·許慎之六書說》、弓英德《六書辨正》、潘重規《中國文字學》、謝雲飛《中國文字學通論》、江舉謙《說文解字綜合研究》、李國英《說文類釋》、孔仲溫《文字學》、陳新雄與曾師榮汾《文字學》等坊間常見文字學書籍，均採此說。

趙撝謙《六書本義》、吳元滿《六書總要》說法與張有相同。

一、象　形

張有曰：「象形者，象其物形，隨體詰屈，而畫其迹者也，如云回山川之類。」、「象形者，文之純肇於此」張有認爲象形字就是直象物體之形，依照實際物形而作。《說文解字・敘》：「象形者，畫成其物，隨體詰屈，日月是也。」許愼認爲象形字是順應具體物品形狀而造，由此可知張有之說，實即依循許愼之說。

今查《說文・雲部》：「雲，山川气也，从雨，云，象回轉之形。」、「云，古文省雨。」〔註10〕；《說文・回部》：「回，轉也，从口，中象回轉之形。」〔註11〕；《說文・山部》：「山，宣也，謂能宣散氣，生萬物也。有石而高，象形。」〔註12〕、《說文・川部》：「丗穿通流水也。虞書曰：『濬く巛距巛。』言深く巛之水會爲川也。」，「云」是古文雲，象雲氣之形、「回」象回轉之形、「山」象山峰起落的樣子，所以三字皆是象形無誤。然據蔡信發師考證，「川」字甲文是由三個獨體象形——作「水小流」解之「く」構成，以示水流暢通的樣子，且「巛」「く」二字旁轉相通，所以「巛」應是亦聲字，非象形字。〔註13〕張有對象形之見解正確，唯所舉字例稍有爭議。

二、指　事

張有曰：「事猶物也，指事者，加物于象形之文，直著其事，指而可識者也，如本、末、叉、叉之類。」張有認爲指事字就是在象形字上加上「物」，使得事情可以認識清楚。《說文解字・敘》：「指事者，視而可識，察而見意，上下是也。」許愼認爲指事字是一看就可辨識，但要細察方能瞭解其意義。近人胡樸安評曰：「張有指事之說，是指變例之一種，『本』、『末』等字，後人所謂形不易象，而變爲指事者也。」〔註14〕今人陳新雄亦曰：「張氏所言，僅得指事之一端，尚未足以賅其全。」《續通志》中曾評論張有之字例云：

　　張有之說，以加物於象形之文爲指事。如木字，象形也，加畫於下

〔註10〕〔東漢〕許愼撰、〔清〕段玉裁注《說文解字》（臺北：洪葉文化事業公司，2005 年 9 月），頁 580。

〔註11〕〔東漢〕許愼撰、〔清〕段玉裁注《說文解字》，頁 279。

〔註12〕〔東漢〕許愼撰、〔清〕段玉裁注《說文解字》，頁 442。

〔註13〕詳參蔡信發師著：《六書釋例》（臺北：萬卷樓圖書公司，2001 年 10 月），頁 246。

〔註14〕胡樸安著：《中國文字學史》（臺北：臺灣商務印書館，2006 年 9 月），頁 225。

爲本,加畫於上爲末;又字,象形也,加點於上爲叉,加點於下爲叉。
蓋從《說文》上下之說而小變之。〔註15〕

可知張有所舉「本、末、叉、叉」,僅是指事三類中之「合體」一類,指事字另有「獨體」與「變體」二類,前者如丂乚之類、後者如幻旡之類。四庫館臣、胡樸安、陳新雄等人所言爲是,張有對指事字之見解不夠全面。

三、會　意

張有曰:「會意者,或合其體而兼乎義,或反其文而取其意,擬之而言,議之而後動者也,如休、信、鬵、明之類。」張有視會意字爲合體兼義與反文取意兩類,是表達意思之用。《說文解字‧敘》:「會意者,比類合誼,以見指撝,武信是也。」許慎以爲會意字是會合六書各類的文字,聚集它們的意義來表現它的指向。張有仍依許慎之說,但其已知「會意字」不止一類,而提出有「合其體而兼乎義」、「反其文而取其意」二類。不過張有此說仍不足,胡樸安曰:「張有所舉『休』、『信』、『鬵』、『明』四字,皆是合體兼義。反文取義之字,當如『丑』、『帀』、『冃』、『比』之類,爲會意變例中之一種。」〔註16〕又《續通志》議張有之說曰:

> 張有所舉休信鬵朙四字。信字即《說文》會意之本義,如人依木爲修、羔在彌爲鬵、月在囧爲朙明字从月从日,皆從《說文》推廣之。
> 《說文》謂古文

〔註17〕

胡氏與《續通志》之說皆是,張有所舉字例皆依許慎之說,僅是異文會意一類。會意之字實可分爲五類〔註18〕:「異文會意」,如祭、祝等字;「同文會意」,如玨、林等字;「會意附加圖形」,如爨、爵等字;「會意附加符號」,如畫、胤等字;「變體會意」,如北、比字。

四、形　聲

張有曰:「諧聲者,或主母以定形,或因母以主意,而附他字爲子,以調合其聲者也,如鵝、鴨、江、河之類。」張有將諧聲看待爲子母關係,字形與字義爲母,聲音爲子,兩者相附即爲形聲。《說文解字‧敘》:「形聲者,

---

〔註15〕 〔清〕紀昀等編纂:《續通志》,收入《景印文淵閣四庫全書》冊393(臺北:臺灣商務印書館,民國75年7月),頁438。

〔註16〕 胡樸安著:《中國文字學史》,頁226。

〔註17〕 〔清〕紀昀等編纂:《續通志》,收入《景印文淵閣四庫全書》冊393,頁444。

〔註18〕 此依許師錟輝之分類。許師錟輝:《文字學簡編》,頁178～183。

以事爲名，取譬相成，江河是也。」許愼以爲形聲字是以一個表達事類的文字形符，再加上可說明此字義的聲符而成。張有之說實仍依許愼之說，唯用「諧聲」之名。形聲字是由表義的形符加上表音的聲符而成，若稱諧聲，則忽略形符，故應以「形聲」爲名較佳。鵝、鴨、江、河皆屬形聲字之正例，是由一形一聲相輔而成〔註19〕。張有對形聲字之見解除「名稱」外，餘皆正確無爭議。

五、假 借

張有曰：「假借者，本非己有，因他所授，而借其聲義者也，如亦、非、西、朋之類。」張有認爲假借字是本來沒有字形可以代表，借用聲音相近的字來表義。《說文解字·敘》：「假借者，本無其字，依聲託事，令長是也。」許愼認爲假借字是原本無字，只借用與該字聲音相同的字來替代。清代段玉裁曾對假借起源提出見解，認爲假借有三變：第一變，「本無其字，依聲託事」，本來沒有字，找音同之字代替，即原始假借，是假借本義；第二變，「既有其字，而多爲假借」，本來有字可用，但不用原字，而以同音字替代，即通假字。古人傳鈔經傳時常用同音通假字；第三變，「後代譌字，亦得自冒爲假借」，許愼爲順應漢代語言而使用，也有可能是後世傳寫時之譌鈔，或形近而誤寫。張有認爲的假借字是「本無其字，依聲託事」一類。《續通志》細分析「亦、非、西、朋」四字例：

> 亦字即古腋字，象人之臂掖也，後乃借爲語詞；非字取鳥飛下翅，因借爲是非之非；西字象鳥在巢上，因借爲東西之西；朋字即古鳳字，象形，後乃借爲朋字。此皆同聲借義，爲假借之一類。張有於假借之中，既分轉聲別義者爲轉注，故但以同聲別義者爲假借，與《說文》令長之說不合。以趙古則、王應電、楊愼、朱謀瑋、吳元滿諸家之說皆與張氏同。〔註20〕

據上可知張有錯把轉聲別義的假借當作轉注，但他對假借是同聲別義的認知當是相當清楚，其所舉「亦、非、西、朋」四字也都是同聲借義之假借，是原始假借。張有的說法影響後來明代趙、王、楊、朱、吳諸家說法，影響深遠。

〔註19〕形聲字之分類甚多，除一形一義外，其他皆屬變例，因字例眾多，此不贅言。
　　　　詳參許師錟輝著：《文字學簡編》，頁186～192。
〔註20〕〔清〕紀昀等編纂：《續通志》，收入《景印文淵閣四庫全書》冊393，頁462。

六、轉　注

張有曰：「轉注者，展轉其聲，注釋他字之用也，如其、無、少、長之類也。」《說文解字‧敘》：「轉注者，建類一首，同意相受，考老是也。」許慎所謂轉注字，是「由於初文的原義轉移，或初文的本音轉移而孳乳另造一個後起字，謂之轉注。」〔註21〕《續通志》替張有的轉注說作了詳盡的解說：

> 張有之說以假借中之異聲者爲轉注，而同聲者爲假借，始與漢唐諸儒異。其所舉其無少長等字，蓋因《說文》有箕字而無其字，以其簸揚未定，故借爲其然之詞。又《說文》無字本上聲，即《尚書》庶草繁廡，若有無之無，屬平聲者下從亾字，自李斯書碑諱亾，故借豐義之無爲有無之無，至少字爲多之對，本上聲借爲去聲老少之少，長字爲短之對，本平聲借爲上聲長幼之長。其實即六書中假借之義，非轉注之本旨。以下趙古則、王應電、揚愼、朱謀㙔、張位、吳元滿諸家之說皆與張氏同。〔註22〕

張有將應是眞正「假借」之字分爲二類，一是異聲，一是同聲，如同胡樸安所云：「張有之說，以依聲託事之假借爲轉注。」〔註23〕這是張有對於轉注的誤解，其所舉字例如「長」，本長久之義，借爲長幼之長，應是假借。張有錯把依聲託事之假借當作轉注。

七、小　結

總的來看，張有對於六書的看法，除轉注一類明顯錯誤，其餘五類，雖字例稍有可議之處，但大抵仍依循《說文》看法。張有除了依照《說文》外，其實仍有獨特見解，其定六書次序爲「象形、指事、會意、諧聲、假借、轉注」，將假借置於轉注之前，異於許慎，雖未說明原因，但已是先見。蔡師信發曾就「用字之法」、「造字之法」二者，論述六書之次序，蔡師曰：

> 特就二者用字和造字之法，加以伸論，以明其次，而知當以假借在先，轉注居後。

依蔡師之說，張有對於六書的次序認知當是相當正確。

張有今存著述唯《復古編》，雖無凡例，亦無自序，然張有對於六書之看法，大氐仍是依循《說文解字》，再稍作修改而成。或許此處張有對於六書之

〔註21〕許師鍰輝著：《文字學簡編》，頁192。
〔註22〕〔清〕紀昀編纂等：《續通志》，收入《景印文淵閣四庫全書》冊393，頁449。
〔註23〕胡樸安著：《中國文字學史》，頁228。

觀點,可作爲全書宗旨縮影,既要復《說文》之古,又不全拘泥於古。

第二節 辨似觀

辨似觀念可以從字形、字音、字義三個角度切入,張有著重在「字形相似」之字,意圖分辨字形相似字的差異,以別不同之聲音、意義。宋人程俱爲《復古編》作序,其言:

> 《復古》二卷三千言,據古《說文》以爲正,其點畫之微,轉仄從衡,高下曲直,毫髮有差,則形聲頓異。自陽冰前後名人格以古文,往往而失,其精且博又如此。然其寄妙技於言意之表,守古學於寂寞之濱,固非淺俗之所能識也。〔註24〕

程俱給予張有《復古編》相當高的評價,稱讚張有是「寄妙技於言意之表,守古學於寂寞之濱」,不但技法高超,更能堅守「古學」。因爲文字「點畫之微,轉仄從衡,高下曲直,毫髮有差,則形聲頓異」,稍有一點筆畫錯誤,字形、字音的差異就會很大,自然會造成訛誤。張有對於文字間細微差距分辨的相當清楚,而這樣精準的「辨似」能力,正表現於《復古編》中。陳姞淨曾云:

> 《復古編》在卷七「形聲相類」與卷八「形相類」的辨似方式,與《佩觿》的體例是相同的。〔註25〕

《佩觿》先置兩個字形相同之字,於注下注音、注義,如「憧幢,上昌容翻,往來。下直江翻,塔也。」《復古編》附錄之「形聲相類」、「形相類」二大類的體例,辨似方式確與《佩觿》相同,據此,陳氏所言爲是。這兩類也正是張有「辨似」字形差異之具體展現,透過並列字例,進而比較形近字於字音、字義上的差異。

壹、辨似體例

「形聲相類」、「形相類」所列字例皆是字形相似,而二類差異在於每組

〔註24〕 參〔宋〕程俱:《北山小集》,收入四川大學古籍所編:《宋代傳記資料叢刊》冊33(北京:線裝書局,2004年6月),頁440~441(據清道光五年袁廷檮貞節堂據黃氏士禮傳錄本仿鈔)。

〔註25〕 陳姞淨以十一卷《復古編》爲討論對象,故言卷七、卷八。詳參陳姞淨著:《佩觿字樣理論研究》(臺北:中國文化大學中國文學研究所碩士論文,2004年12月),頁143~144。

相似字間，切語是否相同，若切語相同，則歸入「形聲相類」，即字形、字音皆相同；若切語殊異，則置入「形相類」。以下將兩類字音因素暫置，就字形之辨似而論，二類目的大抵相同，即欲分辨相似字形筆畫差異。辨似的體例則可分爲以下八種：

一、釋字音、字義、字形

釋形依《說文》，作「从某从某」或「从某某」。形聲字不言「从某聲」，與形符皆只釋「从某」：

> 杠扛　竝古雙切。杠，从木工，牀前橫木也；扛，从手工，橫關對舉也。

> 睹睹　竝當古切。睹，从目者，與覩同；睹，从日者，旦明也。

> 宭窘　宭，从宀君，渠云切，羣居也；窘，从穴君，渠隕切，迫也。

> 罨罬　罨，覆也，从网音，烏感切；罬，罵也，从网言，力智切。

從字例可看出每組字多以「切語」注音，如上例杠扛竝爲古雙切、宭窘竝當古切，少部分在切語外，還以「直音」釋音。如：

> 屏庰　竝必郢切。屏，从尸并；庰，从广并，蔽也，音訓同。

> 疋足　疋，足上象腓腸，下从止，所菹切，又胥雅二音；足，人之足也，在下，从止口，即玉切。

字義之取用則依《說文》本義，直接引用，不另作說明。

二、釋俗訛字與俗音

「形聲相類」與「形相類」中提及「俗」有四處，其中三處張有言「非」，被視爲「訛字」，如：

> 陜陝　陜，从𨸏夾，失冉切，弘農陜也；陝，从𨸏㚒，矣㚒切，隘也，俗作峽非。

> 栖棓　栖，从木否，布回切，䰝也；棓，从木音，步項切，梲也，俗作棒非。

> 𧼱𧾷　竝九輦切。𧼱，从走寒省；𧾷，从足寒省，跛也，俗作謇非。

此三例「陜、棓、𧼱」，雖分別言俗作「峽、棒、謇」，但均被張有否定爲「非」，所以應歸入訛字例中。唯一言俗又不言「非」的僅有以下一例：

> 抗杭　竝苦浪切。抗，扞也，从手亢，或从木同；杭，俗作胡郎切。

此「俗作」是爲記通俗字音。徐鉉《說文》抗、杭正音均作苦浪切。其又言「今俗作胡郎切」，張有依徐鉉說，而注記於此。

三、釋或體字

此類共有十四例，釋與正字同音義而異形之異體字，例有：

晨晨　竝食鄰切。晨，从日辰，或作晨，房星，爲民田時者；晨，从辰臼，早昧爽也。

由畱　竝側詞切。由，象岳形；畱，从㽝田，不耕田也，或作畱同。

舀臽　舀，从爪臼，以沼切，杼臼也，或作抌同；臽，从人在臼上，戶猾切，小阱也。

袖褒　袖，从衣采，似又切，袂也，或作袖；褒，从衣枭，博毛切，衣博裾。

四、釋籀文

此類共有三例，見於形相類中，乃釋明書體爲籀文者，例有：

宙宙　宙，从宀由，直又切，舟輿所覆極也；宙，籀文岫字。

僖僖　僖僡。上從言忥，胡禮切，待也；下籀文僡，从言侃。

坒坒　坒，从屮土，艸木妄生也，戶光切；坒，从坒省从土，古封字，籀文坒不省，府容切。

五、釋古字

此類以「古某字」釋有三十八例，，以「古文」釋有十五例。二者共計五十三例，均見於形相類中，乃釋明「古字」與「今字」之相對，如：

亲朶　亲，从木㓘，武方切，棟也；朶，古文困字。

佰佲　佰，从人百，博陌切，相什佰也；佲，古文夙字。

乎米　上古手字（乎）；下古堯字（米）。

王玉　王，古文王字；玉，古文玉字。

六、通同字

形相類、形聲相類中各有六組字例以「與某同」、「與某字同」、「同某」等方式編排，如：

叶叶　叶，卜以問疑也，从口卜，古今切；叶，與協同。

白白　白，從入合二，旁陌切，西方色也；皍，疾二切，與自字同。

庇庇　庇，從厂氏，職雉切，柔石也；砥，同庇，從广氏，都禮切，
　　　山居也。

七、書　證

形相類、形聲相類中，各有一組字例舉書以證其說，如：

聆聆龠龠　上聆，巨今切，《國語》：回禄信於聆。從耳今；中聆，郎
　　　丁切，聽也，從耳令；下聆，郎丁切，瓮似餅，從瓦令。

刑荊刕　竝戶經切。刑，從刀开，勁也；荆，從刀井，罰辠也，《易》
　　　曰：「井法也。」

八、又音某

共有三組字例，均見於形相類中。此編輯方式是為說明一字不同的字音。
如：

旦皂　旦，從日七，烏皎切，望遠合也；皂，象嘉穀在裹中形，七以
　　　扱之，皮及切，又音杳。

彤彤彤　上彤，丑林切，又以中切，船行也，又祭省；中彤，徒冬
　　　切，丹飾也，從丹彡，下古丹字（彤）〔註26〕。

貳、辨似類型

一、字形構體分類

《復古編》於附錄「形聲相類」中收有 102 組、204 字，「形相類」收有
238 組、505 字，二者共有 340 組近似字。茲將相似字依字形分八類，如下：

（一）部首近似

這類字組是兩字部首形體相似，或筆畫接近，細分四十四小類如下：

1、木扌之異：柤扟、梢捎、揍楱、杠扛、抗杭、椄接、柆拉、檢撿
2、竹艹之異：籃藍、箴葳、蒩葙、簾薕、籥蕎、箽蓳、其箕、茝筁
3、木禾之異：秬柜、秒杪、稷櫻、案案、移杉、稣栝、稟稟
4、日白之異：暂晢、晶晶、暜暜、曤皠、曉皢、晜皀
5、日目之異：眛昧、睹睹、晚晚、盰盰、睎晞、旬旬

6、走足之異：趙踊、趨躍、越跳

7、宀穴之異：宙窇、窖窖、宦窤

8、卄艸之異：莧莧、萑萑、萑萑

9、力刀之異：勳剝、勁到

10、人亻之異：徦假、徐徐

11、毛扌之異：氀攤、抹毬

12、月肉之異：胄胄、胐胐

13、冃冖之異：冕冤、冣最

14、辵彳之異：延征、延征

15、日臼之異：晨晨

16、耳目之異：眈眈

17、自目之異：臭昊

18、宀冖之異：宦冟

19、厂广之異：厱廩

20、厂石之異：底砥

21、厂尸之異：居居

22、厂疒之異：厭癥

23、爿疒之異：痒牂

24、广疒之異：廢癈

25、尸广之異：屏屏

26、戶尸之異：扉扉

27、辵彳之異：逞徎

28、言缶之異：詟罍

29、廾大之異：弈奕

30、卪阝之異：卲邵

31、止足之異：踵踵

32、力巾之異：務幣

33、忄十之異：恊協

34、水冰之異：澌澌

35、見頁之異：覩題

36、斗十之異：斟斟

37、大火之異：美羙

38、大犬之異：**㹇奬**

39、釆米之異：釋釋

40、又刂之異：敊刷

41、丌廾之異：**鼻鼻**

42、酉鹵之異：醶鹹

43、攴殳欠之異：敲毃歊、毆毆歐

44、舟丹井之異：彤彤彤

（二）字根近似

這類皆是部首相同，字根近似而易訛之字，細分可得九十小類，如下：
（　）中表示字根近似之二字相同部首。

1、木禾之異：穀穀（殳）困困（囗）釆釆（爪）

2、易昜之異：暘暘（日）場場（土）瘍瘍（疒）

3、己巳之異：改攺（攵）圮圯（土）

4、豕象之異：瑑琢（玉）喙啄（口）

5、重童之異：鍾鐘（金）種種（禾）

6、市朮之異：柿枾（木）肺肺（肉）

7、束朿之異：刺刺（刀）敕敕（攵）

8、日鬲之異：**潛灊**（水）

9、日曰之異：汨汩（水）

10、隹卓之異：罹罩（网）

11、走足之異：蹇蹇（宀）

12、白百之異：佰伯（人）

13、丂丏之異：粤甹（田）

14、足犬之異：僇倏（人）

15、女安之異：晏晏（日）

16、又寸之異：疢疛（疒）

17、月爪之異：嬈婬（女）

18、同回之異：調詗（言）

19、冒員之異：圓圓（囗）

20、弟夷之異：涕洟（水）

21、巿巿之異：沛沛（水）

22、刀人之異：舠舩（舟）

23、刀刃之異：忉忍（心）

24、夾夾之異：陜陝（阜）

25、豙豕之異：墜墜（土）

26、卜十之異：卟叶（口）

27、兮分之異：盻盼（目）

28、且且之異：祖袒（衣）

29、手禾之異：箱籂（竹）

30、曲曲之異：豐豐（豆）

31、肉夕之異：筋笏（竹）

32、叚段之異：報毈（韋）

33、奭需之異：澳濡（水）

34、從延之異：縱縱（糸）

35、否音之異：梧棓（木）

36、禾示之異：葙葙（艸）

37、臣亡之異：塱望（月）

38、戈攴之異：肇肇（聿）

39、鬼眔之異：襄襄（衣）

40、廾共之異：龔龔（龍）

41、辛羋之異：犀犀（尸）

42、开丼之異：邢郱（邑）

43、开开之異：刑刑（刀）

44、虫畺之異：彊強（弓）

45、受屬之異：辝辭（辛）

46、臼林之異：鬱鬱（鬯）

47、辛言之異：燮燮（又）

48、爻交之異：駁駮（馬）

49、百囪之異：佰佰（人）

50、人爪之異：皀皀（白）

51、禾呆之異：襃襃（水）

52、釆采之異：寀案（宀）

53、舌昏之異：桰梧（木）

54、音言之異：詈詈（网）

55、矢夫之異：医医（匸）

56、山屮之異：蚩蚩（虫）

57、山屮之異：庐庐（厂）

58、田由之異：苗苗（艸）

59、七毛之異：叱吒（口）

60、只祟之異：儨儨（人）

61、口目之異：叡叡（又）

62、隹鳥之異：雁鴈（厂）

63、灥原之異：顠顠（頁）

64、人入之異：夾夾（大）

65、大犬之異：戾戾（戶）

66、正正之異：延延（又）

67、旡先之異：朁朁（日）

68、屰干之異：酋酋（白）

69、亡止之異：柰柴（木）

70、屮爻之異：孝㸚（子）

71、口又之異：絜繁（糸）

72、聂坙之異：湮濕（水）

73、丸旬之異：執鞠（土）

74、甫重之異：尃尃（寸）

75、一十之異：氏氒（氏）

76、帀儿之異：徵微（彳）

77、水人之異：蓘薂（艸）

78、卤卤之異：鹵鹵（L）

79、芊米之異：暴暴（日）

80、几古之異：尻居（尸）

81、八小之異：肎肖（肉）

82、儿豆之異：號豛（虍）

83、舀名函之異：滔滔涵（水）

84、尤犬尢之異：默默默（黑）肬肬肬（肉）

85、兮六必之異：諡謐謐（言）

86、止山亡之異：企仚匂（人）

87、又丈乚之異：取耿耴（耳）

88、皮叚段之異：鈹鍜鍛（金）

89、臣目、又叉之異：臤賢（目）掔掔（手）

90、耳瓦、今令之異：聆聆聆（耳）

（三）字根異位

此類字組中，兩字構成之字根完全相同，僅是字根位置之轉移，共六例如下：

1、木龍：欐襲

2、木予：杼柔

3、心禺：愲愚

4、手共：拱拳

5、心莫：慔慕

6、衣包：袍裒

（四）字根增減

此類字組中，兩字構成之字根大抵相同，僅是增加或減少一字根，共十五例如下：

1、增加爻：㤎爰、㤎憂

2、增加艸：叢藂、蹖跨

3、增加彳：㣤微

4、增加出：糶糴

5、增加乀：刃刄、叉叉

6、增加一：辛辛

7、增加珡：衣褰

8、增加厂：猒厭

9、增加非：摩靡

10、增加丁：窑寧

11、增加人：隶隸

12、增加肉：楸骹

13、增加十：胿胖

14、增加水：堀堨

15、增加屮：辥薛

（五）互為反體

此類字組中，為兩字篆書形體相同，僅是翻轉角度不同，共有 23 例如下：

1、上下顛倒：首䭫、之帀、上丁、予幻、子㐬、言昚

2、左右相反：正乏、止㞢、虱屈、又ナ、阝⻏、印㧱、后司、欠㒫、永辰、
反丸、身𦣹、匕夕、人匕、可叵、刂𡿨、丂𠃉、少尐

（六）形體相近

此類字是因為篆書字形本身相似，或是僅有很細微的差異，計共有 52 組，
列出於下：

兀九、糸系、厂广、聿聿、彔彔、冃冃、百西、弓弓、匸匚、士土、
爪爪、禾禾、乙乞、㔾、丿厂、𠃊乀、乁乁、丨く、乂乂、矢夭、亞亞、
肉月、甘𠙻、𦬇卝、夗肥、朿朿、人儿、兹兹、毛手、㹻林、马卩、
疋足、云去、尼（仁）尼（夷）𤵜病、凤今、㞢䖂、又父、山厶、公
台、气丁、屮卉、習習、巫巫、戊戉、母毋、𤯓生、意意、兆公、癸𣶆、
目冃、拜手、奉夆夆、段叚段、希象象、否音香、𢌘𣲷屻、夆夆夆、
市市市、宀冂几、干羊芦、久夂攵、大夰六、白白臼、王王壬、艸𠬢𠬞、
丈戈支、咼凷齿、从比北、兒曳㬉、米采、二二、𠬠𠬢、夵夫、皃兔、
夸平、半半、米朮、彳攴、泰倦、𠬠㢽、秦奏、厄厄、舌夭、馬罞雪、
賣賣、商啻、卯夘、去谷、白自、由田、萬雋、永永、彔彔、网雨、鼓
鼓、麰麧

（七）偏旁相同

此類字有偏旁相同，但不是部首，有時是部首與字根相同。

1、玄之同：袨㰱。前字部首與後字字根相同。

2、芺之同：妖祆

3、監之同：濫饞

4、且之同：組祖

5、二之同：亙㒫

6、攸之同：修脩

7、弓之同：晨曷

（八）筆畫差異

此類字構成字根近似、筆形相同，只是某筆畫的長短差異。僅一例：「皛
皛」。

二、字根位置分類

除了直接以形體分類的觀念外，「字根」位置之異，也是近似字產生的
因素，所以此將依字根位置不同作分類，如下：

（一）左旁相同，右旁辨義

1、朵束之異：肺肺、柿枾

2、攴攵之異：鼓鼓

3、爻交之異：駁駮

4、百白之異：佰伯

5、又刂之異：馭刷

6、卩阝之異：卲邵

7、力刂之異：勳剝

8、畺虫之異：彊強

9、舌昏之異：栝楿

10、虎盧之異：號鑪

11、凩匋之異：執絧

12、重童之異：鍾鐘

13、正正之異：延延

（二）右旁相同，左旁辨義

1、木扌之異：揆樑、抗杭、椄接、柆拉、柤抯、梢捎、杠扛

2、竹艸之異：葴蒆、簾蓮、簥蕎、籃藍

3、木禾之異：秬柜、杪秒、稷樱、移移

4、目日之異：睹睹、眛昧、晞晞、晚晚

5、走足之異：趩踴、趯躍、趒跳

6、人亻之異：微微、徦假、徐徐

7、开井之異：刑刑、邢邗

8、束束之異：刺刺、敕敕

9、己巳之異：改改

10、十忄之異：恊協

10、月刖之異：胧胱

11、目耳之異：眈耽

12、日白之異：曉皢

13、止足之異：踵踵

14、衣糸之異：紶袒

15、釆米之異：釋釋

16、示女之異：妖祆

17、酉鹵之異：醶鹼

18、辵彳之異：逞徎

19、毛扌之異：毨撽

20、水灬之異：漸漸

21、瞏原之異：顋願

22、水女之異：濫嬨

23、夊彳之異：延征

24、受舄之異：辝辭

（三）上部相同，下部辨義

1、伞米之異：暴暴

2、木禾之異：案案

3、走足之異：蹇蹇

4、冃肉之異：冐胄

5、辛羍之異：犀犀

6、廾共之異：鞾糞

7、叹白之異：晷晷

8、几古之異：凥居

9、安女之異：晏晏

10、廾大之異：弈奕

11、佳卓之異：瞿罩

12、宀穴之異：宦宦

13、日白之異：晋晉

14、大犬之異：戾戾

15、几囘之異：夋夑

（四）下部相同，上部辨義

1、厂广之異：厌瘕

2、疒广之異：癈廢

3、尸广之異：屏屏

4、几人之異：凤㐱

5、日臼之異：晨晨

6、屮艸之異：辥薛

7、丂马之異：粤雩

8、言缶之異：詧詧

9、日白之異：㫚皀

10、八小之異：肎肖

11、屰干之異：啻舌

12、宀穴之異：宙窗

13、戶尸之異：扉屝

14、亡止之異：futures㳀

15、曲曲之異：豐豐

（五）外部相同，內部辨義

1、矢夫之異：医医

（六）字根大多相同，只有一個字根略異

1、戈支之異：肇肇

2、臣亡之異：塱望

3、彡肉之異：修脩

4、日鬲之異：潛瀿

5、禾木之異：穀穀

6、足犬之異：健倏

7、臼林之異：鬱鬱

8、犬大之異：狀奘

9、隹鳥之異：雁鴈

10、力巾之異：務帑

（七）兩個以上字根不同

1、正疋見頁之異：覘題

2、夊彳正正之異：延征

3、夕缶爫壬之異：嬈婬

4、木扌白日之異：皙晳

（八）中間字根略異

1、鬼罘之異：襃褱

2、丿力之異：辨辨

3、辛言之異：燮燮

（九）字根相同、但位置不同

1、上下左右位置之異：杼柔、拱拳、慔慕、櫳襲、愒愚

2、內外左右位置之異：袍裒

（十）增加字根

1、增加出：糴糶

2、增加艸：叢藂、踤跨

3、增加丁：宫寧

4、增加夂：悉爱、憂憂

5、增加一：网兩

6、增加氺：堀堀

7、增加肉：椒槭

8、增加非：摩摩

（十一）前字省略，再加上字根

1、艹艸：兹兹

祺謹按：「兹」形省略上半部「艹」，再加上「丷」，「丷」即「艸」。

（十一）除左邊辨義，另增一字根

1、日白之異，且增加艸：曍皻

2、卄艸之異，且增加艸：萑萑

（十二）篆形近似，但字根大多不同

1、巛巛：齒齒〔註27〕

〔註27〕「齒」字篆體作「齒」，若隸定爲齒時，則與齒一類可歸入第四類「下部相同，上部辨義」，二字爲「巛巛」之異中。

2、ﾉL：人儿

3、宁广：病病。

（十三）筆畫長短之異

1、晶晶。篆字前者下部爲山，後者下部只是表三口相連之形。

參、辨似觀念

清人葛鳴陽對於《復古編》是這樣看的，其云：

> 惟宋張謙中《復古編》攷據精核，不爲浮詞，舉其一隅，眞妄思別，蓋有功于許氏者〔註28〕

足見張有撰寫《復古編》是「攷據精核」，絕不妄下一筆。《四庫提要》即稱張有「剖析毫釐，至爲精密。」。張有對於篆書形體的縝密觀察，全然表現在《復古編》中，尤其是書後的附錄六門。據筆者剖析「形相類」、「形聲相類」二類之差異，可擬出張有的辨似觀念，有三點如下：

一、總據《說文解字》爲辨似之標準

張有以《說文解字》爲宗，著書解字均以此爲準，故辨似觀念亦是建立於此，凡是合於《說文》之古法，便不多加探討，不合《說文》者，則必詳考其形、音、義，務求字體趨於正、筆畫不妄改，是對時代風氣的反動，因當時流行「改經」，妄以己意解經說字，遂使文字混亂，張謙中有鑑於此，便以文字學之正宗《說文解字》，袪俗滅亂。

二、點畫有別，務析毫釐

「形相類」、「形聲相類」中許多相似字形，僅是一筆一畫的毫釐之異，字義就差之千里。附錄最後兩類「筆迹小異」、「上正下譌」更是嚴厲標準的展現。筆迹小異類列出一字之異體，辨析最正確之寫法，接著上正下譌類，直接舉例說明，駁斥世俗的訛亂字體，如「羽羽羽 羽，王矩切。」《說文》小篆作「羽」，《復古編》正篆作「羽」，與《說文》相同，而所謂譌字「羽」，也僅是筆畫彎曲程度之差別，寫字時稍有不專注，便易產生，但張有堅持一定要合於古法，所以必寫作「羽」。由此可知謙中對於字畫的辨似態度當是嚴謹，近乎苛求。

〔註28〕參葛鳴陽本之《復古編》書後。

三、形似字類概念

《復古編》正文中為辨析易混之字，遂以音序編輯排字，但這樣的排序便看不出形似字類。不過這正是張謙中眼光獨特之處，設附錄六門，除聯緜字、聲相類外，其餘四門，以形似字類為列，目的就是要「辨似」。孔仲溫肯定張有辨似觀念之清晰，其言曰：

> 他這種能以篆文辨正俗體的觀念，可見得對文字源流的認識，十分
>
> 正確〔註29〕

孔氏所言，公允不偏。不過《復古編》對於辨似字組的觀念，僅以舉例方式呈現，未有直接據形分類的概念，所以部首字愈多之字組，辨似所舉之字例愈多，如「木」、「禾」之分，「木」、「扌」之分，木部收字多，形近之字例當是較多。若張有於辨似字之舉例中，能依類分部，以字根觀念歸字，當可使《復古編》辨似觀念更加清楚的展現。

第三節　字樣觀

宋代文字學史中，張有《復古編》是本辨正觀念非常強烈之字樣書，其正字觀、俗字觀當為字樣學理論之重要材料。以下將解析《復古編》正字、俗字觀念，統合整理出《復古編》字樣觀。

壹、正字觀

要探究所謂正字觀，得從先從正字標準之確立，以及正字依據兩者切入，釐清觀念後，才能確立《復古編》正字觀念之要。

一、正字標準

曾榮汾師明言「正字」之於「字樣」重要性。其云：

> 字樣學固以整理異體為前提，卻以「正字」之選擇為宗旨。蓋正字
>
> 者，即文字正確之形體也，亦即「字樣」之所在也。〔註30〕

足見正字之選擇是字樣學重要的課題，整理異體前，應先確立正字觀念。而

〔註29〕孔仲溫撰：〈宋代文字學〉，《國文天地》（臺北：國文天地雜誌社，民國76年8月第3卷3期），頁75。另原注14：「宋有陳恕可作《復古篆韻》。元有吳均作《增修復古編》、戚崇僧作《後復古編》，泰不華作《重類復古編》，劉致作《復古編糾謬》，曹本作《續復古編》。」參同文頁79。

〔註30〕曾榮汾師著：《字樣學研究》（臺北：臺灣學生書局，民國77年4月），頁142。

正字觀念之確立有二途徑：

（一）官方訂立

早在戰國時代，秦國統一六國文字時，即以李斯、趙高、胡毋敬所著之《倉頡篇》、《爰歷篇》、《博學篇》爲正字規範的標準，官方訂立正字的最早紀錄。晚至宋代時，《類篇》又是一部官方訂立標準的字書代表，其〈目錄〉後有這樣的記載：

> 寶元二年十一月翰林學士丁度等奏：「今脩《集韻》，添字既多，與顧野王《玉篇》不相參協，欲乞委脩韻官將新韻添入，別爲《類篇》，與《集韻》相副施行。」〔註31〕

丁度等人上奏，要求編一本新的字書與《集韻》相配合，宋仁宗准奏，遂命脩韻官王洙修纂《類篇》。王洙沒後，先後由胡宿、掌禹錫、張次立等人相繼修纂，直到英宗治平三年時，方由司馬光接手。據此可知《類篇》是由皇帝敕令編纂之書，正字標準由官方制定爲準。

歷來規模最大的官方編纂字書，當屬清康熙御敕張玉書、陳廷敬等人編纂的《康熙字典》，康熙帝於序中說明了編字典的動機、方法與影響。序言：

> 朕每念經傳至博，音義繁賾，據一人之見，守一家之說，未必能會通周缺也。爰命儒臣，悉取舊籍，次第排纂，……。然後古今形體之辨，方言聲氣之殊，部分班列，開卷了然，無一義之不詳、一音之不備矣。凡五閱歲而其書始成，命曰：字典，於以昭同文之治，俾承學稽古者，得以備知文字之源流，而官府、吏民亦有所遵守焉。是爲序。〔註32〕

序中明言，因爲康熙帝閱讀經傳時，諸家說法見解不一，致使字形、字音繁多，縱使通一家之說，亦未必能貫通其意，所以康熙帝決定以政治力量，御令文臣編纂一本完善的字書，發揮「承學稽古者，得以備知文字之源流，而官府、吏民亦有所遵守焉」的功效，以昭顯其一統天下的過人能力，不僅是政治統一，更是文化融合。當今臺灣的「正體字」與大陸地區的「規範字」，其實也是一種以官方制定的正字概念，是以最強大的約束力量，爲漢字使用起了標準化的作用，只是雙方立場不同，於正字之取捨，仍有所不同。

〔註31〕 〔宋〕司馬光等撰：《類篇》，《中華漢語工具書書庫》冊2（合肥：安徽教育出版社2002年6月），頁563～564。

〔註32〕 〔清〕張玉書等編纂：《康熙字典·御製序》（臺南：大孚書局，民國91年3月），頁3～4。

（二）著者自定

每本字書之成，往往是著者個人關於字學理論想法的匯集，書中的相關字例，是著者理念的實踐。正因每個著者的編輯觀念不同，所以不同的字書，自然就成爲每個不同的正字理念，是專屬於該書的，如唐代顏元孫《干祿字書》對正字的定義是「所謂正者，竝有憑據，可以施述文章、對策、碑碣，將爲允當」〔註33〕，顏氏所謂正字，是指有證據可證，不是憑空捏造，而是有所依循，可以使用於正式的文字使用場合，像是刻碑碣、寫公文等，方爲正字。這樣的標準，每部字書皆依其編纂目的而有所不同。

二、正字依據

據曾榮汾師《字樣學研究》歸納，歷來字書「正字」，約可分爲「說文」與「時宜」兩派，其云：

> 歷來學者於「正字」，雖愍異稱，然考其涵義，未盡相同，概分爲二。
> 〔註34〕

曾師將正字涵意分爲《說文》與時宜二派。《說文》派多主張以小篆以前之字體爲正字，隸書以後爲俗，或是以《說文解字》爲正字唯一標準；而時宜派則重視文字自然的孳乳與演進，其正字可能與《說文》所載的相符，也可能不符，是隨時代變遷而改易的。正字依據除《說文》與時宜二類外，尚有幾種可能，以下分說：

（一）《說文》派

自東漢許愼《說文解字》成書以來，多數學者視其爲文字學中的經典，因此許愼分析文字的觀念，影響後人甚深。此派堅守許愼《說文》，以小篆之前字體爲正字，隸書以後爲俗字。此派代表如宋代司馬光《類篇》，該書序云：

> 凡爲《類篇》，以《說文》爲本，而例有九。〔註35〕

除《類篇》外，張有《復古編》、南宋李從周《字通》、元代周伯琦《六書正訛》、清代李富孫《說文辨字》等書，均爲此派。宋人晁公武《郡齋讀書志》、清人李慈銘《越縵堂讀書記》均已駁斥此派之非。因爲若硬以小篆正隸書、

〔註33〕〔唐〕顏元孫撰：《干祿字書》，《中華漢語工具書書庫》冊11（合肥：安徽教育出版社2002年6月），頁588。
〔註34〕曾榮汾師著：《字樣學研究》（臺北：臺灣學生書局，民國77年4月），頁142。
〔註35〕〔宋〕司馬光等撰：《類篇》，《中華漢語工具書書庫》冊2，頁2。

行書、草書，則會顯得滯礙難行、格格不入。《四庫全書總目提要》即云：

> 蓋許慎《說文》爲六書之祖，如作分隸行草，必以篆法繩之，勢必
> 格閡而難行；如作篆書，則九千字者爲高曾之矩矱矣。〔註36〕

篆書當以《說文》爲宗，但隸、行、草書則不可全以篆法限之。提要之說，
確有其理。

（二）時宜派

此派主張文字使用應隨時代而改變標準，可依場合、用處不同改異，東
漢許慎《說文解字》已有此概念，《說文解字‧敘》云：

> 今敘篆文，合以古籀，博采通人，至於小大，信而有證，稽譔其說。
> 〔註37〕

唐代顏元孫《干祿字書》更將此先進的字樣觀念發揚光大，該書序云：

> 字書源流，起於上古，自改篆行隸。漸失本眞，若總據《說文》，便
> 下筆多礙。當去泰去甚，使輕重合宜，不揆庸虛。〔註38〕

這種隨時制宜，不離本道的字樣精神，正爲《干祿字書》之價值所在〔註39〕。
同時代張參《五經文字》、唐玄度《新加九經字樣》均受影響，皆採時宜的正
字觀。曾榮汾師嘗謂：

> 文字乃約定俗成方爲實用，此標準並非歷代如一，……，文字整理
> 需隨宜方能見功，絕非一舉可以畢者也。因此，所謂「正字」又豈
> 是定於「說文」而不知變通矣？〔註40〕

意即文字標準是隨時代變遷著，不可全以《說文》爲準，會妨害文字的發展。
因此，時宜派的正字觀念，當是較爲正確的。

（三）古正派

此派「以古爲正」，不似《說文》派以《說文》爲正，亦不如時宜派隨時
而變，而是將古文、大篆當作文字正統。此派代表爲元代楊桓《六書故》。《四

〔註36〕〔元〕楊桓著：《六書統》，《文淵閣四庫全書》冊227（臺北：臺灣商務印書
館，民國75年3月），頁2。

〔註37〕〔東漢〕許慎撰；〔清〕段玉裁注：《新添古音說文解字注》（臺北：洪葉文化
事業公司，2005年9月），頁771。

〔註38〕〔唐〕顏元孫撰：《干祿字書》，《中華漢語工具書書庫》冊11（合肥：安徽教
育出版社2002年6月），頁587。

〔註39〕陳新雄、曾榮汾師著：《文字學》（臺北：五南圖書公司，2010年9月），頁
258。

〔註40〕曾榮汾師著：《字樣學研究》，頁142。

庫全書總目提要》云：

> 其說謂文簡意足，莫善于古文大篆，惜其數少不足于用；文字備用
> 者，莫過小篆，而訛謬于後人之傳寫者，亦所不免。今以古文證之，
> 悉復其舊。〔註41〕

楊桓認爲小篆雖足備用，但後人傳鈔時，產生不少錯誤，所以要以古文考證，
才能恢復文字的本源。不過這樣的觀念，也正是楊桓的缺失所在。《四庫全書
總目提要》又云：

> 蓋桓之自命在是，然桓之紕繆，亦即在于是，故其說至于不可通，
> 則變一例，所變之例復不通，則不得不又變一例，數變之後，紛如
> 亂絲，于是一指事也有直指其事，有以形指形、有以意指意、有以
> 意指形、有以注指形、有以注指意、有以聲指形、有以聲指意；……。
> 輾轉迷瞀，不可究詰。〔註42〕

楊桓爲了合理化自己的說法，分析字例若不合己說，就改變字例，只要不通，
就一直改變，致使說法紛亂，終陷「輾轉迷瞀，不可究詰」的泥淖。甚至「魏
校諸人隨心造字」，代表魏校之流即是受此觀念影響，亦爲合理己說，而妄
造新字，是一大弊病。明代王應電《同文備考》也持同樣觀點，《欽定四庫全
書總目‧卷四十三‧同文備考》云：

> 《洪武正韻》間，以小篆正楷書之譌，而未嘗以古文正小篆之謬，
> 於是著爲是書，取古文篆書而修定之，并欲以定正許慎說文之失。
>
> 〔註43〕

王應電此說，亦遭批評爲「千百世後，重出一製字之倉頡」〔註44〕，認爲王
氏之說牽強，且爲證其說，甚至杜撰字體、臆造偏旁，是相當不可取的。四
庫館臣這樣的批評是相當中允的。

除《說文》、時宜、古正三派外，尚有一說爲「自造新字」。此說不依古
文、不循《說文》，亦不據通俗字體，而自造新體爲「部分」正字。其中最爲
顯著之例，當屬武周改字。永昌元年（西元 689 年）十一月初一，武則天登

〔註41〕〔元〕楊桓著：《六書統》，《文淵閣四庫全書》冊 227，頁 2。

〔註42〕同上注。

〔註43〕〔清〕紀昀等撰：《欽定四庫全書總目》，《文淵閣四庫全書》冊 1（臺北：臺
灣商務印書館，民國 75 年 3 月），頁 899。

〔註44〕同上注。

基，頒布《改元載初敕》，詔告其新創十二字。《新唐書·后妃傳上》載曰：

> 載初中，「作曌、兂、埊、囝、囶、〇、顾、悳、庺、瀗、㞧、𡈪十二
> 文，太后自名曌。」〔註45〕

又宋代《宣和書譜·歷代諸帝》記載云：

> 武則天，考出其新意，持臆説，增減前人筆畫，自我作古，爲十
> 九字，曰「兂」天、「埊」地、「囝」日、「囶」月、「〇」星、「顾」
> 君、「瀗」年、「㞧」正、「悳」臣、「曌」照、「庺」戴、「瀗」載、
> 「囶」國、「𡈪」初、「𡏇」證、「稵」授、「𡉄」人、「璧」聖、「𠤫」
> 生。當時臣下奏章與天下書契，咸用其字，然能獨行於一世而止。

〔註46〕

武則天共造「兂」、「埊」、「囝」、「囶」、「〇」、「顾」、「瀗」、「㞧」、「悳」、「曌」、
「庺」、「瀗」、「囶」、「𡈪」、「𡏇」、「稵」、「𡉄」、「璧」、「𠤫」十九個新字」
命令天下臣民皆須使用。不過鄭樵持不同看法，他認爲武周改字，未必全是
自造新字，其《通志·六書略》云：

> 右武后更造十八字代舊十六字」史臣儒生皆謂其草創無義。以臣觀
> 之「天」作「兂」、「日」作「囝」，並篆文也；「年」作「瀗」、「正」
> 作「㞧」，並古文行於世者。「授」古文亦有作「稵」、「稵」者；「國」
> 亦有作「囶」者，「地」籀文或有作「埊」者。崔希裕纂古而作，孰
> 謂其草創而無所本歟。〔註47〕

鄭樵認爲這十九個新字中，不少字是從舊有的古文、篆文、籀文改變而來的，
並非完全新創。除武則天外，北魏世祖拓跋燾也曾造新字一千餘，《魏書·卷
四上·世祖紀》載曰：

> （始光）二年……。初造新字千餘。詔曰：「昔在帝軒，胙制造物，
> 乃命倉頡因鳥獸之跡，以立文字，自兹以降，隨時改作，故篆、隸、
> 草、楷並行於世。然經歷久遠，傳習多失其眞，故令文體錯謬，會
> 義不愜，非所以示軌則於來世也。孔子曰：「名不正，則事不成。」
> 此之謂矣。今制定文字，世所用者，頒下遠近，永爲楷式。〔註48〕

〔註45〕 〔宋〕歐陽修、宋祁撰：《新唐書》（北京：中華書局，1975 年），頁 3481。
〔註46〕 宋不詳撰：《宣和書譜》，《叢書集成新編》第 52 冊（臺北：新文豐出版公司，
　　　　民國 74 年），頁 586。
〔註47〕 〔宋〕鄭樵著：《通志》（杭州：浙江古籍出版社，1988 年），頁 509～510。
〔註48〕 〔北齊〕魏收著：《魏書》，《文淵閣四庫全書》冊 261（臺北：臺灣商務印書

魏世祖以爲自倉頡造字以來，因時間久遠，流傳文字訛誤漸多，文字一誤，則萬事欠備，所以他要制定文字，作爲永遠的標準。今存魏碑上可見「㳽」、「㨨」、「䃺」等字〔註49〕，很有可能是魏世祖新造之字。不過，同書後之〈考證〉曰：

> 世祖紀，初造新字千餘。○按本書太祖紀天興四年，比衆經文字，凡四萬餘字，此則初造新字，頒之遠近。蓋天興所集者，經傳所有也；始光所造者，時俗所行，而衆經文所不及收者也，《金石文字記》謂《說文》所無，而後人續添之字，大都出此。然《三國志》云：「有山陰朱育，依體像類，造作異字千名以上。」，則知別撰之字，自漢有之矣。〔註50〕

魏收以爲始光時，世祖所造之新字，其實是當時流行的俗字，只是經書未收，而且自《說文》後，新造文字的舉動，漢代朱育早有。

以上「武周改字」、「魏世祖專輒造字」，兩者自造新字爲正字，其實只是在舊有的正字系統上，以政治力量加上新的正字，而這些新正字也只占了當時普遍使用的文字部分，並非全體。況且這些所謂「新造字」，多是改變古文而來，或是當時俗用之字，故此說僅能代表部分正字的由來，當代仍有其他正字之使用，而非全體正字皆爲新造。

三、《復古編》正字觀

張有《復古編》並無自序，亦無明言該書「正字」定義，不過宋代程俱〈復古編序〉云：

> 《復古》二卷三千言，據古《說文》以爲正，其點畫之微，轉反從衡，高下曲直，毫髮有差，則形聲頓異，自陽冰前後名人格以古文，往往而失，其精且博又如此。然其寄妙技於言意之表，守古學於寂寞之濱，固非淺俗之所能識也。〔註51〕

據程俱此序可知，《復古編》根據古代《說文》爲正統，書中正字爲見於《說

　館，民國 75 年 3 月），頁 64。

〔註49〕出自魏太武帝拓跋燾時期之魏碑。參見網址：http://club.kdnet.net/dispbbs.asp?id=3370585&boardid=32&page=1&1=1#3370585。

〔註50〕〔北齊〕魏收著：《魏書》，《文淵閣四庫全書》冊 261，頁 77。

〔註51〕〔宋〕張有撰：《復古編》，《中華漢語工具書書庫》冊 12（合肥：安徽教育出版社 2002 年 6 月），頁 255。

文》之篆字，再依篆字字形直接隸定爲楷書。然張有何以如此專注於《說文》
正篆，程俱曰：

> 吳興張有弱冠以小篆名，自古文奇字與夫許氏之書，了然如燭照而
> 數計也，他書餘藝一不入於胷中，蓋其專如此，故四十而學成，六
> 十而其書成，復古之編是矣。〔註52〕

張有自年少便以善篆聞名，對古文、奇字及《說文解字》之專注，用力甚深。
正因張有了解《說文》如此透澈，故其知欲明文字學，必先鑽研《說文解字》，
不雜揉他說，築下堅實的根基。據此，《復古編》書名所言「復古」，即欲復
《說文》之古，則《復古編》「正字」必出自《說文解字》，其言非者，均不
見於《說文》。

　　然而，這樣的正字觀念，是有弊病的：第一，張有所見《說文》，已非東
漢許慎原本樣貌，原本《說文》歷經唐代李陽冰妄改，訛誤滋生，雖有徐鉉
校勘訂正，但仍有許多闕漏，或是值得再商榷之處；第二，字樣標準應隨時
宜而變，宋代時，楷書已經相當流行，楷字之形體，經隸變後，已與篆書有
所區別，若一味以篆形約束楷形，就顯得泥古而不化。不過，參考《說文》
仍是相當重要的，陳新雄說：

> 有此一書，上可沿波討源，溯古文之端緒；下可振葉尋根，得隸楷
> 流變之淵藪。故曰探究中國文字，無論古今，皆當以《說文》爲發
> 軔，爲津梁，捨此則莫由也。〔註53〕

是故，字書編纂者，當依《說文》爲宗、參涉旁書，上溯文字初造之源，並
依當代用字習慣而作適當變化。曾榮汾師嘗舉四點關於正字的觀念，其云：

> 1、正字的標準是具斷代性質的。
> 2、正字是當代功能最強、最實用的字。
> 3、正字是最雅正，可以用於正式場合的文章中。
> 4、正字可能出自《說文》也可能是後起新字，或習用已久的字。
>
> 〔註54〕

〔註52〕〔宋〕張有撰：《復古編》，《中華漢語工具書書庫》冊12，頁254～255。
〔註53〕陳新雄、曾榮汾師著：《文字學》（臺北：五南圖書公司，2010年9月），頁
　　　　105。
〔註54〕曾榮汾師著：《字彙俗字研究》（國科會研究計畫成果報告，1997年12月），
　　　　頁72。

意即所謂正字當是一時代中最實用，且可使用於正式場合的文字，曾師這樣
對於正字的說法是非常精確的。張有《復古編》正文共收一千二百三十九個
字頭，去其重覆，計有一千二百三十五個正字（參見附錄一）。茲舉二例，以
見張有釋正字的體例：

　　箾　　箾，斷竹也，从竹甬。別用筒，徒弄切，通簫也。

　　恥　　恥，辱也，从心耳。別作耻非。敕里切。

先列《說文》正篆，再依篆隸定爲注文之首，後詳其字義、字義及俗別字，
並附上切語，以注字音。形、音、義三者皆依《說文》訓釋，由此可知，《復
古編》之正字觀，就是以《說文》爲正宗，以《說文》刊謬俗誤。偶有例外
如：「胗　疹，脣瘍也，从疒参。古作胗，之忍切。別作疹，又音丑刃切非。
文二。」大徐本作「胗，脣傷也，从肉参聲；㾙，籀文胗从疒」，據此，可
知張有此依籀文爲正字，而非依《說文》正篆。不過，這樣的例子極少，且
縱使是籀文，亦見於《說文》，概括地說以《說文》爲正，似無不可。

貳、俗字觀

　　歷來諸家學者對於「俗字」之看法眾多，如大陸學者張涌泉認爲俗字是「漢
字史上各個時期與正字相對而言的主要流行於民間的通俗字體。」〔註55〕，馬
偉成爲俗字下的定義是「別於官方制定的標準字體，經約定俗成而流行於民間
的書寫方式之字體。」〔註56〕看法雖殊，實大同小異。文字學上的俗字定義有
二，廣義的俗字，義同於異體字，泛指文字於使用過程中除了正字以外，因各
種因素所衍生出的其他形體；狹義的意義，是單指一種通俗的、非雅正的用字。
它與正字的關係，是呈字級對比的，如唐代顏元孫《干祿字書》即將字分爲正、
通、俗三級，顏氏說：「所謂俗者，例皆淺近，唯籍帳、文案、券契、藥方，非
涉雅言，用亦無爽。」可知俗字是指一種雖然流行，但是非文雅、非正式的用
字，因爲不涉及雅正觀念，所以在正式場合外使用，並無不妥。

　　此節採狹義「俗字」，專指《復古編》書中，明文提及「俗」之字。據筆
者統計，《復古編》言「俗」處，共計九十有三，全書有九十三組正俗字之對

〔註55〕張涌泉著：《敦煌俗字研究》（上海：上海辭書出版社，1996 年 12 月），頁 2。
〔註56〕馬偉成著：〈唐代俗字研究─以《五經文字》爲考察對象〉，《文字的俗寫現象
　　　　及多元性──第十七屆中國文字學學術研討會論文集》（臺中：聖環圖書公
　　　　司，2006 年 5 月），頁 167。

應；去除四組「注俗音」〔註 57〕，所以應有八十九組字頭，下領九十五個俗字。其中有二十六組、三十一字是張有言「非」的，以下列出，並置相應正字於（ ）內：

上平聲：辣（辢）、鳬（鳧）、癃（朧）、堤（隄）、堙陻垔（聖）、冤（冤）。

下平聲：圓（圜）、曹（嘈）、韃誰（蠻）、齡霝靈（霝）、由（粵）、譚（鄲）、蟄（蟄）。

上　聲：瘖（傴）、虜（虜）、撙（繜）、嬌（嬌）、柳（桺）、謚（諡）。

去　聲：蓋（葢）、疢（痎）、嚮（鄉）、鐵（鈇）。

入　聲：翌（昱）、杓（勺）、闋（昦）。

依《復古編》編輯體例而言，此類字被張有視爲「非」，義同訛字，所以八十九組、九十五個俗字，應再刪去此類。

綜上所述，全書眞正「俗字」，作爲該書字級觀念之第二級字，共有六十三組、六十四字。以下分上平、下平、上、去、入聲列出，並置相應正字於（ ）內：

上平聲：崈（崇）、幢（橦）、貽（詒）、毉（醫）、釵（叉）、津（津）、耘（耡）、緐（緐）、尊（算）。

下平聲：潮（淖）、痡（痡）、霞（瑕）、迦（迦）、香（香）、塘（唐）、廊（郎）、藏（臧）、銘（名）、停（亭）、昇（升）、競（競）、裯（幬）、罘（罳）、琴（珡）。

上　聲：榮（縈）、壼（娓）、彩綵（采）、挧（頯）、草（蕈）、夏（憂）、柱（桂）、徃（徍）、境（竟）、走（灻）、飲（歆）。

去　聲：誌（識）、伺（司）、預（豫）、霧（霂）、紫（素）、顧（顧）、衛（衛）、个（介）、墜（磙）、退（復）、晋（晉）、倦（券）、葆（莜）、笑（笑）、架（枷）、華（蕐）、醬（醬）。

入　聲：穆（穆）、璿（瑒）、肉（肉）、玉（王）、栗（桌）、潔（絜）、雪（霎）、爵（賣）、虐（虐）、蓳（蟄）、暉（暉）。

一、訓解體例

《復古編》俗字訓解體例雖繁雜，仍可概分爲以下五類：

〔註57〕捲、蛇、虵、醋四字下分別作「今俗作居轉切」、「俗作食遮切」、「俗音牀史切」、「俗作倉故切非」，爲注俗音所用，故不列入此處「俗字」中計算。

（一）單純視為俗字

有「俗作某」、「俗作某同」、「俗別作某」、「俗書作某」、「別作某俗」、「又作某俗」、「或作某俗」、「後人俗別作某」、「後人俗作某」、「後人作某俗」、「後人別作某俗」等說解方式，其中作「別作某俗」為最多，計有十二例。不過，不論俗作、別作、或作、後人作，共同特點是單純提出俗字，而未說明作俗字之因，以下各舉一字例：

　　霚　霚，地气發天不應，从雨敄，俗作霧，亡遇切。

　　勞　券，勞也，从力卷省。俗作倦同。別作惓非。渠卷切。

　　顧　顧，還視也，从頁雇，古慕切，俗別作顧，古文�字。

　　穋　穋，禾也，从禾參，俗書作穆，莫卜切，文二。

　　橦　橦，帳極也，从木童。別作幢俗。宅江切。

　　臧　臧，善也、匿也，从臣戕。別作臧非。又作藏俗。則郎切，又昨郎切。

　　絜　絜，麻一耑也，从糸㓞，一曰清也。或作潔俗。別作潔非。古眉切。

　　瑕　瑕，小赤玉也，从玉叚，一曰赤雲气。後人俗別作霞。乎加切，文三。

　　亭　亭，民所安定，从高省丁。後人俗作停。特丁切。

　　靈　靈，巫以玉事神，从王霝。或作靈，从巫。後人作齡俗。俗別作靇靈竝非。郎丁切，文三。

　　彐　叉，手之指相錯也，从又象叉之形，又笄屬也。後人別作釵俗。楚佳、初牙二切。

（二）視隸書為俗字

以「隸作某俗」為訓，計有二十二組，為全書訓「俗字」體例使用最多者，例如：

　　漳　漳，从水朝省。隸作潮俗。直遙切。

　　疴　疴，病也，从疒可。隸作痾俗，烏何切。

　　𪅂　𪅂，芳也，从黍甘。隸作香俗，許良切。

（三）分解俗字字形之異

　　細分有「別作某，從某俗」、「俗從某，從某」、「隸作某，從某俗」、「隸作某，加某俗」、「或從某，俗爲某某之某」五種方式。此類字分解俗字構形，俗字與正字之異，以「從某」來表示俗字不同的字根，例如：

　　醫　　醫，治病工也。殹，惡姿也。一曰病聲，從酉，酒，所以治病也。別作毉，從巫俗，於其切。

張有視「醫」爲正字，分解字形作「從酉」，而俗字則是「從巫」作毉。其他說解方式之字例如下：

　　笑　　笑，喜也。俗從竹，從犬，而不述其義。案《説文》從竹，從夭，義云竹得風，其體夭屈如人之笑，未知其審。別作咲关竝非。私妙切。

　　瑪　　瑪，玉器也，從玉曷。隸作璹，從壽俗。

　　王　　石之美者，有五德，象三王之連丨其貫也。陽冰曰：三畫正均，如貫王也。隸作玉，加點俗，魚欲切，又欣救、息逐、相足三切。別作王玉竝非。

　　尊　　尊，酒器也，從酋廾以奉之。或從寸，俗爲尊卑之尊。別作罇樽竝非。祖昆切。

（四）俗字來源為古文

　　以「俗別作某，古文某字」爲訓，只有一例：

　　顧　　顧，還視也，從頁雇，古慕切，俗別作顧，古文𩠐字。

（五）無以下筆，置而不論

　　此類出現於三組字中，「𡙇、𦥑、皀、个」四個俗字，皆被張有視爲「無以下筆」，只列出記錄，而不多加釋字形、音、義：

　　娓　　娓，順也，從女尾。《易》曰：定天下之娓娓。俗別作𡙇，字書所無，不知所從，無以下筆。

　　皁　　皁，斗櫟實也，一曰象斗子，從艸早，自保切。俗以此爲艸木之艸。別作皁字，爲黑色之皁。案櫟實可染帛爲黑色，故通用爲草棧字。俗書皁，從白從十，或從白從七（皀），皆無意義，無以下筆。

介，畫也，从八，从人。俗別作个。字書所無，不知所从，無以下筆。明堂左右个者。明堂，旁室也，當作介，古拜切，文二。

祺謹按：第一，壵字首見於《龍龕手鑑》，亦見於《類篇》、《廣韻》、《集韻》等書。張有所謂「字書」，應是指宋代以前字書未收，所以無以下筆；第二，皀、皁字見於《干祿字書》、《玉篇》。《玉篇·白部》云：「皁，才老切，色黑也。皀，同上。」〔註58〕雖有釋音、義，但不作「壵」之異體，其他字書亦然；第三，《說文·八部》：「介，畫也，从八，从人，人各有介。」〔註59〕《玉篇·八部》：「个，柯賀切，枚也，亦作箇。」〔註60〕《說文·竹部》：「箇，竹枚也，从竹，固聲。」〔註61〕據上可知，作「明堂」時，應以「个」爲正，張有之說誤。

二、俗字探析

以下先引《復古編》原文，再以按語援引諸書作分析。

（一）「崈　崇，嵬高也，从山宗。別作崈俗，鉏弓切。」

祺謹按：「崈」形見於《金石文字辨異·平聲·東韻》，云：「漢袁良碑：『勉崈協同』。按：《古文尚書》崇皆作崈。《漢書·郊祀志》：『以山下戶三百封崈高，爲之奉邑。』師古曰：崈，古崇字。」此「崈」由正字「崇」字根位置變動而成。

（二）「橦　橦，帳極也，从木童。別作幢俗。宅江切。」

祺謹按：「幢」見於《說文·巾部》：「幢，旌旗之屬，从巾童聲。宅江切。」爲《說文》新附字。張有力求復《說文》之古，所以視新附字爲俗別字。「幢」與「橦」爲聲符相同之近似字。

（三）「詒　詒，相欺詒也，一曰遺也。別作貽俗。」

祺謹按：「貽」見於《說文·貝部》：「貽，贈遺也，从貝台聲。經典通用詒。與之切。」爲《說文》新附字。張有力求復《說文》之古，所以視新附

〔註58〕〔梁〕顧野王撰：《玉篇》，《中華漢語工具書書庫》冊1（合肥：安徽教育出版社2002年6月），頁249。

〔註59〕〔東漢〕許慎撰；〔宋〕徐鉉校定：《說文解字》（北京：中華書局，1963年12月），頁28。

〔註60〕〔梁〕顧野王撰：《玉篇》，《中華漢語工具書書庫》冊1，頁297。

〔註61〕〔東漢〕許慎撰；〔宋〕徐鉉校定：《說文解字》，頁97。

字爲俗別字。「詒」與「貽」爲聲符相同之近似字。

（四）「醫 醫，治病工也。殹，惡姿也。一曰病聲，从酉，酒，所以治病也。別作毉，从巫俗，於其切。」

祺謹按：「毉」見於《干祿字書》云：「醫毉醫，竝上俗中通下正」，顏元孫視爲「通用字。「毉」與「醫」爲聲符相同之近似字。

（五）「彐 叉，手之指相錯也，从又象叉之形，又筓屬也。後人別作釵俗。楚佳、初牙二切。」

祺謹按：「釵」見於《說文·金部》：「釵，筓屬，从金叉聲。本只作叉。此字後人所加，楚佳切。」據上知，「釵」爲後人所加之新附字。張有力求復《說文》之古，所以視新附字爲俗別字。「釵」與「叉」爲「字根增加」之近似字。

（六）「津 津，水渡也，从水聿。別作津俗，將鄰切。」

祺謹按：「津」、「津」同出於《說文》「津」，「津」爲篆體直接隸定之字形，「津」則因隸變而異。

（七）「耤 耤，除田間薉也，从耒員。或作穮。別作耘俗，羽文切。」

祺謹按：「耤」見於《說文·耒部》：「耤，除苗間穢也。從耒、員聲。耤或從芸。」「耘」應是由「耤」之或體字「穮」減省而成。

（八）「絲 緐，馬尾飾也，从糸每。別作繁俗，附袁切，文二。」

祺謹按：「繁」、「絲」同出於《說文》「緐」，「絲」爲篆體直接隸定之字形，「繁」則因隸變而增加字根，兩字差異於「攵」之增加。

（九）「尊 尊，酒器也，从酉廾以奉之。或从寸，俗爲尊卑之尊。別作鐏樽竝非。祖昆切。」

祺謹按：張有此說依徐鉉之說，《說文·酉部》：「尊，尊或从寸，臣鉉等曰：『今俗以尊作尊卑之尊。別作鐏非是。』」「尊」爲篆體直接隸定之字形，「尊」則因隸變而減省字根，兩字差異於「𠂇」之減省。

（十）「潮 淖，从水朝省。隸作潮俗。直遙切。」

祺謹按：張有此說依徐鉉之說，《說文·水部》：「潮，水朝宗于海。從水，朝省。臣鉉等曰：『隸書不省，直遙切。』」「淖」爲篆體直接隸定之字形，是水加上朝省略月，隸書「潮」則不省字根，兩字差異於「月」之未省略。

（十一）「疴　疴，病也，从疒可。隸作痾俗，烏何切。」

祺謹按：「痾」、「疴」同出於《說文》「疴」，「疴」爲篆體直接隸定之字形，「痾」則因隸變而增加字根，兩字差異於「阝」之增加。

（十二）「瑕　瑕，小赤玉也，从玉叚，一曰赤雲气。後人俗別作霞。乎加切，文三。」

祺謹按：「霞」見於《說文·雨部》：「霞，赤雲气也，从雨叚聲，胡加切。」爲《說文》新附字。張有力求復《說文》之古，所以視新附字爲俗別字。「瑕」與「霞」爲聲符相同之近似字。

（十三）「迦　迦，互令不得行也，从辵枷。別作迦俗。」

祺謹按：「迦」不見於《說文》，「迦」爲篆體直接隸定之字形，「迦」則因隸變而減省字根，兩字差異於「木」之減省。

（十四）「馫　馫，芳也，从黍甘。隸作香俗，許良切。」

祺謹按：按「馫」乃「香」之本字，「香」爲「馫」之省體；「馫」爲篆體直接隸定之字形，「香」則因隸變將黍省爲禾、甘化爲日，合二者而成。

（十五）「唐　唐，大言也，从口庚，一曰隄也。別作塘俗。徒郎切。」

祺謹按：「塘」見於《說文·雨部》：「塘，隄也，从土唐聲，徒郎切。」爲《說文》新附字。張有力求復《說文》之古，所以視新附字爲俗別字。「唐」爲篆體直接隸定之字形，「塘」則因隸變而增加字根，兩字差異於「土」之增加。

（十六）「郎　郎，魯亭也，从邑良，一作東西序也。後人俗別作廊。魯當切。」

祺謹按：「廊」見於《說文·广部》：「廊，東西序也，从广郎聲，《漢書》通用郎，魯當切。」；「郎」見於《說文·邑部》：「郎，魯亭也，从邑良聲，魯當切。」。兩字皆見於《說文》，如《說文·广部》所言「《漢書》通用郎」，可知經典裡，常以郎替廊，所以張有未言否定，而作爲俗字。「郎」、「廊」兩字差異於「广」之增加。

（十七）「臧　臧，善也、匿也，从臣戕。別作臧非。又作藏俗。則郎切，又昨郎切。」

祺謹按：「藏」見於《說文·艸部》：「藏，匿也，臣鉉等曰：『《漢書》通用藏字，从艸，後人所加，昨郎切。』」；「臧」見於《說文·臣部》：「臧，善

也，从臣戕聲，則郎切。」。兩字皆見於《說文》，徐鉉明言「从艸，後人所加」，張有採徐鉉之說。誠如《說文·艸部》所言「《漢書》通用藏」，可知經典裡，常以臧替藏，故張有未言否定，而言藏爲俗字。「臧」、「藏」兩字差異於「艸」之增加。

（十八）「名 名，自命也，从口夕，一曰記也。後人別作銘俗，武并切。」

祺謹按：「銘」見於《說文·金部》：「銘，記也，从金名聲，莫經切。」爲《說文》新附字。張有力求復《說文》之古，所以視新附字爲俗別字。「名」與「銘」爲「字根增加」之近似字，兩字差異於「金」之增加。

（十九）「亭 亭，民所安定，从高省丁。後人俗作停。特丁切。」

祺謹按：「停」見於《說文·人部》：「停，止也，从人亭聲，特丁切。」爲《說文》新附字。張有力求復《說文》之古，所以視新附字爲俗別字。「亭」與「停」爲「字根增加」之近似字，兩字差異於「人」之增加。

（二十）「昇 升，十龠也，从斗，象形，後人作昇俗。別作陞非。識蒸切。」

祺謹按：「昇」見於《說文·日部》：「昇，日上也，从日升聲，古只用升，識蒸切。」爲《說文》新附字。張有力求復《說文》之古，且如徐鉉所言「古只用升」，所以視新附字「昇」爲俗別字。「升」與「昇」爲「字根增加」之近似字，兩字差異於「日」之增加。

（二十一）「競 競，競也，从二兄丰，一曰敬也。隸作兢俗，居陵切。」

祺謹按：競出自《說文》，「兢」亦見於《說文·兄部》：「兢，競也。從二兄，二兄競意，從丰聲，讀若矜。一曰兢，敬也。居陵切。」「兢」、「競」本屬不同之二字，因爲「競」爲篆體直接隸定之字形，隸變後字形與「兢」相近，而致混用。《宋元以來俗字譜·二十畫》，引用《大唐三藏取經詩話》、《古今雜劇三十種》、《三國志平話》、《朝野新聲太平樂府》、《嬌紅記》、《目連記》、《金瓶梅》、〈嶺南逸事〉等書，「競」皆被作「兢」可知宋代確實將「競」俗作「兢」。

（二十二）「幬 幬，禪帳也，从巾壽。俗作裯，音都牢切。袂也。隸作幬。別作裯非。又重朱切。」

祺謹按：幬、裯均見於《說文》，《說文·巾部》：「幬，禪帳也，从巾壽聲。直由切。《說文·衣部》：「裯，衣袂衼裯，从衣周聲，都牢切。」二者音近，

且意義與帷幕、床帳之類相關，皆出自《說文》，只是《說文》作「襌帳也」，正字用「幬」，故言裯為俗作。「幬」、「裯」二者聲符音近。

（二十三）「罯 罯，兔罝也，从网否。隸作罜俗，縛牟切。」

祺謹按：張有此說依徐鉉之說，《說文解字·网部》：「兔罝也，从网否聲。臣鉉等曰：『隸書作罜，縛牟切。』」「罯」為篆體直接隸定之字形，「罜」則因隸變而減省字根，兩字差異於「口」之減省。

（二十四）「珡 珡，禁也，神農所作，象形。隸作琴俗，巨今切，文二。」

祺謹按：「珡」、「琴」同出於《說文》「珡」，「珡」為篆體直接隸定之字形，「琴」則因隸變而增加字根，兩字差異於「丆」之增加。

（二十五）「蘂 蘂，垂也，一曰艸木華蘂，从惢糸。別作蕊俗。《玉篇》作橤同，如壘切。」

祺謹按：「橤」宋以前字書未收。《集韻·上聲·四紙》：「蘂橤，乳捶切，《說文》垂也，或从木，文九。」〔註62〕可知當時俗將「蘂」、「橤」視為通，此二字為形符相同之近似字。

（二十六）「娓 娓，順也，从女尾。《易》曰：定天下之娓娓。俗別作斖，字書所無，不知所從，無以下筆。」

祺謹按：「斖」、「娓」於《廣韻·上聲·七尾》均作「無匪切」，而歷代字書並無記載「斖」、「娓」通用，所以俗以「斖」作「娓」，可能只是音同訛誤字、或是同音通假字。宋代以前字書未收「斖」，首見於《龍龕手鑑》，亦見於《類篇》、《廣韻》、《集韻》等書。張有所謂「字書所無」，應是指宋代以前字書未收，所以無以下筆。

（二十七）「采 采，捋取也，从爪在木上。俗作彩採，並當用采。別作採非。倉宰切。」

祺謹按：彩首見於《說文·彡部》：「彩，文章也，从彡采聲，倉牟切。」為《說文》新附字。張有力求復《說文》之古，所以視新附字為俗別字。再者，綵、採首見於《玉篇》，不見於《說文》。《正字通·手部·卯中》：「採，同采，古語山有猛獸藜藿，為之不採。本作采，上从爪，即手也，加手旁贅。」據以上可知，張有言「俗作彩綵，並當用采」，未否定「彩」、「綵」，但最好

〔註62〕〔宋〕丁度等著：《集韻》（上海：上海古籍出版社，1985 年 5 月），頁 309。

用「釆」;「採」字加手旁則顯多餘,《正字通》所說有理,張有所論為是。

> (二十八)「颹 赧,面慙赤也,从夫及。及音人善切。俗作赧,从及,
> 與及少異。及服音服,从卪又。及,从尸又。別作赧非。女版
> 切。」

祺謹按:「赧」、「赧」同出於《說文》「颹」,「赧」為篆體直接隸定之字形,「赧」則是隸變後之字形。

> (二十九)「皁 皁,斗櫟實也,一曰象斗子,从艸早,自保切。俗以此
> 為艸木之艸。別作皂字,為黑色之皂。案櫟實可染帛為黑色,
> 故通用為草棧字。俗書皁,从白从十,或从白从七(皀),皆
> 無意義,無以下筆。」

祺謹按:張有此說直接轉引徐鉉之說,見《說文・艸部》「皁」下徐鉉注。「皁」為篆體直接隸定之字形,「草」則是隸變後之字形。

> (三十)「夓 夒夒,中國之人也,从夂,从頁臼。隸作夏俗,胡雅切。」

祺謹按:「夒」、「夏」同出於《說文》「夓」,「夒」為篆體直接隸定之字形,「夏」則是隸變後之字形,兩字差異於「臼」之減省。

> (三十一)「桯 桯,衺曲也,从木坣。隸作枉俗,迂往切。」

祺謹按:「桯」、「枉」同出於《說文》「桯」,「桯」為篆體直接隸定之字形,「枉」則是隸變後之字形,兩字差異為「坣」減省為「王」。

> (三十二)「徃 徃,之也,从彳坣,坣音汪。隸作徃俗,羽兩切。」

祺謹按:「徃」、「往」同出於《說文》「徃」、「徃」為篆體直接隸定之字形,「往」則是隸變後之字形,兩字差異為「坣」減省為「生」。

> (三十三)「竟 竟,疆也,一曰樂曲盡為竟。後人別作境俗,又居慶切。」

祺謹按:「境」見於《說文・土部》:「境,疆也,从土竟聲,經典通用竟,居領切。」為《說文》新附字。張有力求復《說文》之古,所以視新附字為俗別字。「竟」與「境」為「字根增加」之近似字。

> (三十四)「走 走,趨也,从夭止。夭,止者屈也。隸作走俗,子苟切。」

祺謹按:「走」、「走」同出於《說文》「走」,「走」為篆體直接隸定之字形,「走」則是隸變後之字形。

> (三十五)「歙 歙,歠也,从欠酓。隸作飲俗,於錦切。」

祺謹按:「歙」、「飲」同出於《說文》「歙」,「歙」為篆體直接隸定之字

形，「飲」則是隸變後之字形。

（三十六）「𧪄　識，記也、常也、知也，从言戠。別作誌俗，職利切。」

祺謹按：「識」見於《說文·言部》：「識，常也，一曰知也，从言戠聲，賞職切。」；「誌」亦見於《說文·言部》：「誌，記誌也，从言志聲，職吏切。」，為《說文》新附字。張有力求復《說文》之古，所以視新附字為俗別字。「識」與「誌」為「聲符音近」且同部首之近似字。

（三十七）「司　司，臣司事外者，从反后，又候望也。後人作伺俗。別作覗非。相吏切，又息茲切。」

祺謹按：「伺」見於《說文·人部》：「伺，候望也，从人司聲，相吏切，自低巳下六字从人，皆後人所加。」，為《說文》新附字。張有力求復《說文》之古，且如徐鉉所言「……从人，皆後人所加」，所以視新附字「伺」為俗別字。「司」與「伺」為「字根增加」之近似字，兩字差異於「人」之增加。

（三十八）「𧱬　豫，象之大者，不害於物，从象予，一曰安也、先也。後人別作預俗。羊茹切，文二。」

祺謹按：「預」見於《說文·頁部》：「預，安也。案經典通用豫，从頁未詳。羊汝切。」，為《說文》新附字。張有力求復《說文》之古，所以視新附字「預」為俗別字。「豫」為本字，「預」則為改易形符之後起字。

（三十九）「霚　霚，地气發天不應，从雨敄，俗作霧，亡遇切。」

祺謹按：「霚」、「霧」同出於《說文》「霚」，「霚」為篆體直接隸定之字形，「霧」則是隸變後之字形。

（四十）「𥾝　𥾝，白緻繒也，从糸㳡，一曰埏土，象物也。隸作素俗。別作塑㙙並非。桑故切。」

祺謹按：「𥾝」、「素」同出於《說文》「𥾝」，「𥾝」為篆體直接隸定之字形，「素」則是隸變後之字形。

（四十一）「顧　顧，還視也，从頁雇，古慕切，俗別作顧，古文𦣞字。」

祺謹按：《干祿字書·去聲》：「顾顧，竝上通下正。」《廣韻》則視為俗字，當時「顧」俗別作「顾」，是部首相同、偏旁相近之近似字。

（四十二）「𧗽　衞，宿衞也，从韋帀，从行。隸作衛俗，于歲切。」

祺謹按：「衞」、「衛」同出於《說文》「𧗽」，「衞」為篆體直接隸定之字形，「衛」則是隸變後之字形。

（四十三）「🔲　介，畫也，从八，从人。俗別作个。字書所無，不知所從，無以下筆。明堂左右个者。明堂，旁室也，當作介，古拜切，文二。」

祺謹按：个字最早見於《玉篇》：「个，柯賀切，枚也，亦作箇。〔註63〕」，可惜是通「箇」，而非「介」之異體。再者，歷代字書亦未收「个」爲「介」之異體，所以「个」可能只是形近「介」而誤、或眞有省筆畫爲「个」，作「介」使用。

（四十四）「🔲　磏，陟也，从石㒸，徒對切，又直類切。後人俗作墜。」

祺謹按：「墜」見於《說文·土部》：「墜，陟也，从土隊聲，古通用磏，直類切。」，爲《說文》新附字。張有力求復《說文》之古，所以視新附字「墜」爲俗別字，「磏」爲本字。

（四十五）「🔲　復，却也，一曰行過也，从彳，从日，从夂。或作納同。隷作退俗，他内切。」

祺謹按：「退」見於《說文·彳部》：「退，古文从辵。」此處張有視「復」爲正字，出自《說文》古文的「退」爲俗字，是符合張氏《復古編》的字級概念，唯有《說文》正篆及直接隷定之楷體方才爲正體，其他古體、別體皆視爲異體。

（四十六）「🔲　晉，進也，从日臸，二至之日，陰陽之進也。隷作晋俗，即刃切。」

祺謹按：「晉」、「晋」同出於《說文》「🔲」，「晉」爲篆體直接隷定之字形，「晋」則是隷變後減省之字形。

（四十七）「🔲　券，勞也，从力卷省。俗作倦同。別作惓非。渠卷切。」

祺謹按：張有此依徐鉉之說。徐氏於《說文·力部》「券」字下云：「今俗作倦，義同。」，故張有亦視「倦」爲俗、「券」爲正。「倦」、「券」爲「字根增加」之近似字。

（四十八）「🔲　莜，艸田器也，从艸條省。別作蓧俗，徒弔切。」

祺謹按：張有此依徐鉉之說。徐氏於《說文·艸部》「莜」字下云：「今作蓧。」故張有亦視「蓧」爲俗、「莜」爲正。「蓧」、「莜」爲「字根增加」之近似字，兩字差異於「木」之增加。

〔註63〕〔梁〕顧野王撰：《玉篇》，《中華漢語工具書書庫》冊1，頁297。

（四十九）「笑　笑，喜也。俗从竹，从犬，而不述其義。案《說文》从
　　　　　竹，从夭，義云竹得風，其體夭屈如人之笑，未知其審。別作
　　　　　咲㗛竝非。私妙切。」

　祺謹按：張有此說直接轉引徐鉉之說，見《說文‧竹部》「笑」下徐鉉注。
宋以後雖「笑」、「咲」二形所用，時有先後，而實乃音義相同之一字，以大徐
本篆體直接隸定之「笑」為正體，「咲」為俗體。

（五十）「枷　枷，柫也，一曰所以舉物。俗作架，古牙切，又古迓切，
　　　　　文二。」

　祺謹按：「架」形見於《金石文字辨異‧去聲‧禡韻》，云：「架，……。
案衣架名見《爾雅》，架本从木，不必加木於旁。《廣韻》、《玉篇》皆不收㭫
字。」此「架」不見於《說文》。「架」由正字「枷」字根位置變動而成。

（五十一）「𦾓　𦾓，山在弘農華陰，从山𦾓省。今俗用華。」

　祺謹按：「華」見《說文‧華部》：「華，榮也，从艸从𦾓。凡華之屬皆从
華。戶瓜切。」「華」與「𦾓」字義有別，但字音接近，俗用音近之字代替。

（五十二）《復古編》云：「𦞞　醬，盬也，从肉从酉（少了爿聲）。別作
　　　　　醬俗，即亮切。」

　祺謹按：「𦞞」、「醬」同出於《說文》「𦞞」，「𦞞」為篆體直接隸定之字
形，「醬」則是隸變後之字形。

（五十三）「穆　穆，禾也，从禾㣎，俗書作穆，莫卜切，文二。

　祺謹按：「穆」，見於《宋元以來俗字譜‧禾部》，可知當時俗書常以「穆」
代替「穆」。二者差異為「小」與「厂」。

（五十四）「瓃　瑇，玉器也，从玉畾。隸作璹，从壽俗。」

　祺謹按：「瓃」、「璹」同出於《說文》「瓃」，「瓃」為篆體直接隸定之字
形，「璹」則是隸變後之字形。

（五十五）「𠕎　肉，胾肉也，象形，隸作肉俗。別作宍非。而六切，文
　　　　　三。」

　祺謹按：「𠕎」、「肉」同出於《說文》「𠕎」，「𠕎」為篆體直接隸定之字形，
「肉」則是隸變後之字形。

（五十六）「王　玉，石之美者，有五德，象三王之連丨其貫也。陽冰曰：
　　　　　三畫正均，如貫王也。隸作玉，加點俗，魚欲切，又欣救、息

逐、相足三切。別作王玉並非。」

祺謹按：王作「王」上象天、中象人君、下象地，人君與天近親，所以上兩橫較接近、玉作「王」，三橫距離均等，二字篆形近似，到楷書時更是幾乎相同，而玉篆作「禹」，爲「王」之古文，故言「玉」爲俗，尚可通，但張有言作「玉」爲非，應誤。

（五十七）「栗 枲，木也，其實下垂，故從卤，隸作栗俗，一曰懅也。別作慄非。力質切。」

祺謹按：「枲」、「栗」同出於《說文》「栗」，「枲」爲篆體直接隸定之字形，「栗」則是隸變後之字形。

（五十八）「絜 絜，麻一耑也，從糸刧，一曰清也。或作潔俗。別作潔非。古屑切。」

祺謹按：「潔」見於《說文‧水部》：「潔，瀞也，從水絜聲，古屑切。」，爲《說文》新附字。張有力求復《說文》之古，所以視新附字「潔」爲俗別字，「絜」爲本字。

（五十九）「霉 霉，凝雨說物者，從雨彗，隸作雪俗，相絕切。」

祺謹按：「霉」、「雪」同出於《說文》「霉」，「霉」爲篆體直接隸定之字形，「雪」則是隸變後之字形。

（六十）「爵 爵，禮器也，象形，中有鬯酒，又持之也，所以飲器，象爵者，取其鳴節節足足也。隸作爵俗，即略切。」

祺謹按：「爵」、「爵」同出於《說文》「爵」，「爵」爲篆體直接隸定之字形，「爵」則是隸變後之字形。

（六十一）「虐 虐，殘也，從虍，虎足反爪人也，隸作虐俗，魚約切。」

祺謹按：「虐」、「虐」同出於《說文》「虐」，「虐」爲篆體直接隸定之字形，「虐」則是隸變後之字形。

（六十二）「蝑 蝑，螫也，從虫若省，隸作蝑俗，呼各切。」

祺謹按：「蝑」、「蝑」同出於《說文》「蝑」，「蝑」爲篆體直接隸定之字形，是虫加上若省略口，隸書「蝑」則不省字根，兩字差異於「口」之未省略。

（六十三）「暐 暐，光也，從日韋，隸作暐俗。域輒切，文二。」

祺謹按：「暐」、「暐」同出於《說文》「暐」，「暐」爲篆體直接隸定之字

形,「暐」則是隸變後之字形。

三、俗字類型歸納

以上六十三組《復古編》俗字,可歸納爲以下九類:

(一)**變化偏旁**:此類爲正字偏旁改變而來。

例有:幢(橦)、貽(詒)、毉(醫)、霞(瑕)、榮(縈)、笑(咲)。

(二)**增益形符**:此類从正字形體上增加形符而來。

例有:釵(叉)、潔(絜)、塘(唐)、伺(司)、彩綵(采)、境(竟)、廊(郎)、藏(臧)、銘(名)、停(亭)、昇(升)。

(三)**改易聲符**:此類从改變正字聲符而來。

例有:預(豫)、飲(歙)。

(四)**移轉字根**:此類由正字相同字根,轉移擺位而來。

例有:崧(崇)、架(枷)。

(五)**增加字根**:正字再加字根而來。

例有:釵(叉)、潔(絜)、塘(唐)、伺(司)、彩綵(采)、境(竟)、廊(郎)、藏(臧)、銘(名)、停(亭)、昇(升)。

(六)**省略字根**:正字簡省字根而來。

例有:迦(迦)、耘(耤)、香(馨)、衛(衞)、雪(䨮)、虐(虐)、尊(尊)、霧(霧)、醬(醬)、夏(夓)、罘(罟)、顧(顧)、兢(競)。

(七)**筆畫改異**:經隸變後,筆畫與篆體不同而來。

例有:津(津)、暐(暐)、肉(**肉**)、絭(素)、退(復)、栗(臬)、爵(爵)、璹(璿)、走(走)、赧(赧)、柱(桂)、往(徨)、晋(瞀)、穆(穆)。

(八)**聲近假借**:因聲音相近,假借爲用而來。

例有:裯(幬)、釐(娓)、誌(識)、皁皂(皀)。

(九)**其他**:前例因古文相通而來;後例也許形近訛用,也許省略筆畫而來。

例有:墜(礋)、个(介)。

四、小 結

綜合以上,可知張有《復古編》字例呈現之狹義俗字觀念,是該書中明言「俗」之字。這些字例多是在《說文》正篆以外的各種字體,只要沒有字

形上的錯誤，無法確認爲「訛字」者，皆可稱作「俗字」。這類俗字，有不少字是出於徐鉉新附《說文》的，如：「墜、磏」皆見於《說文》，但「墜」爲新附字，張有便採非新出的「磏」。這代表張有雖然多參徐鉉之說，但若在許愼與徐鉉說法稍異時，則採許愼原說，因其著書目的，就是欲復古《說文》、正本清源。

　　《復古編》中九類、六十四個俗字，除「改易聲符」及「聲近假借」二類外，多是細微的形體差異，足見張有辨析字畫差異之用心；若言《復古編》中廣義的俗字，則可拉大範圍到所有未被張有言「非」的異體字，包含古文、籀文、隸書、或體、通同字、別體等類，範圍相當廣，是豐富的俗字資料庫。

參、字樣觀

　　《集韻‧去聲‧四十一漾》云：「樣，法也。」〔註64〕字彙引《廣韻》云：「樣，式樣。」〔註65〕、由此可知，「樣」字本有「法式」之義，可視爲「標準」而言。胡樸安云：「字樣者，筆畫之準繩也。」〔註66〕所以「字樣」就是書寫文字的標準。曾榮汾師亦曰：

> 字樣的講究等於是在書寫中用正確的字去寫正確詞，去表述正確的義。這個對應正確詞的字就是字樣的所在。〔註67〕

精簡明白地說明了「字樣」涵意。字樣學相關學理發展，至唐後方臻成熟，因爲文字由篆至隸，到唐時楷書大興，更因科舉緣故，攸關「干祿」，於是書寫標準、點畫差異，錙銖必較。顏元孫《干祿字書》便應運而生，從此，字樣學變成專門學科，成就更是代有新創。《干祿字書》以後，張有《復古編》便是一部具有代表性的字樣專著，其中所具涵之字樣觀念，可析分如下三點：

一、視《說文》為文字學之圭臬

　　自許愼著《說文解字》後，一直以來皆是中國文字學的重要經典。甲骨文尚未發現以前，是文字學中最重要的書，不讀《說文》，無以知文字學，不知文字學，不能讀經、解經；清末甲骨文發現後，更顯《說文》的重要性，

〔註64〕〔宋〕丁度等著：《集韻》（上海：上海古籍出版社，1985年5月），頁597。
〔註65〕〔明〕梅膺祚著：《字彙‧卷六‧木部》（明萬曆乙卯刊本），頁54。
〔註66〕胡樸安著：《中國文字學史》（臺北：臺灣商務印書館，1992年9月），頁113。
〔註67〕曾榮汾師著：〈字樣學的語言觀〉，《第二十屆中國文字學國際學術研討會論文集》（高雄：國立中山大學中文系，2009年5月），頁386。

因爲可以《說文》爲基石，上溯古文字之奧祕，由已知之《說文》，探求未知之甲骨文，還可下探《說文》以後各類字、韻書，建立文字的流變史，是何其珍貴的一本瑰寶。

宋代時尚未發現甲骨文，那些甲骨還只是藥鋪中的「藥材」，雖早已有鑄於銅器上的金文，《說文》中也收有古文、籀文等早於小篆的文字，但都沒有《說文》如此系統性的編排、整理小篆，這是因爲許慎的用心，方才有這樣的經典誕生。所以張有編纂《復古編》時，自然便深受《說文》影響，再加上當時彌漫天下的疑古風氣，更加深張有以復古《說文》爲宗的編輯精神。宋代樓鑰曾云：

> 謙中攷證精詣，字之合於古者，皆所不論，惟俗書亂之者，必正其
> 訛舛，毫釐不貸，讀者悅服，無有異論。〔註68〕

所謂「合於古者」，即是指《說文》。《復古編》從正字以《說文》正篆爲準則，到字形、字義、字音之採用，皆是依《說文》，這是張有的堅持。

不過客觀而言，一時代有一時代之字樣觀，雖求字樣，溯源《說文解字》有其必要性，但全盤循古又太果斷，畢竟正字和俗字是相輔相成的。誠如裘錫圭所云：

> 在文字形體演變的過程中，俗體所起的作用十分重要。有時候，一
> 種新的正體就是由前一階段的俗體發展而成的。比較常見的情況，
> 是俗體的某些寫法後來爲正體所吸收，或者明顯地促進了正體的演
> 變。〔註69〕

正、俗體之定義因時而異，爲時所改，當是正確。《復古編》視《說文解字》爲圭臬，這樣的觀念，是當作修改，以免以古律今，而忽略文字是爲語言而生，以表達與記錄語言爲目的。

二、嚴格區分字體之原則

張有雖無明說《復古編》之編輯體例與宗旨，然《復古編》正文實有嚴格的區分字體原則，近人胡樸安是這樣看的：

> 至宋郭忠恕之《佩觿》，則其視正字體之範圍，已爲推廣，記之于上
> 矣，嗣有作者，當推張有之《復古編》。張有之書，略仿顏元孫《干

〔註68〕見萬鳴陽本《復古編》後敘五。
〔註69〕裘錫圭著：《文字學概要》（臺北：萬卷樓圖書有限公司，1994 年 3 月），頁
44。

祿字書》正俗通三體之例，而例加密，正體用篆文，別體俗體，載
於注中。〔註70〕

胡氏此言，其實即是《四庫提要》中所言「猶顏元孫《干祿字書》分正俗通
三體之例」。《復古編》體例近似《干祿字書》的字級概念，不但有區別字體
的概念，而且區分的標準更加縝密。筆者觀察全書體例後，發現胡氏所言甚
是，《復古編》正文中一千二百三十九組字例，確實可以歸納出三層字體原則，
以下分類舉例析論：

（一）第一級——欲復之「古」，《說文》正字

張有心中最好的第一級正字，當是出自古《說文》的篆字，此類乃張有
依照篆字字形，直接隸定爲楷書，置於篆文後、注文首。全書正文中共有一
千二百三十九字，去其重覆，計有一千二百三十五字，全都出於《說文解字》。
以下依上平聲、下平聲、上聲、去聲、入聲各舉一例：

1、詔 詔，相欺詔也，一曰遺也。別作詒俗。（上平聲）

2、賢 賢，多才也，从貝臤。別作賢非。胡田切，文二。（下平聲）

3、瘉 瘉，病瘳也，从疒俞。別作愈非。（上聲）

4、壻 壻，夫也，从士胥。或从女。別作揖非。（去聲）

5、姪 姪，兄之女也，从女至。別作妷非。直質切。（入聲）

除以上這些出自《說文》正篆之字，另有「或作」、「又作」二類字，均被張
有視爲第一級字，是可替換《說文》正字，不致訛誤的。言「或作」如：

麗 麗，竹高篋也，从竹鹿。或作簏同。別作盠非。盧谷切，文
二。

匊 匊，在手曰匊，从勹米。或作掬同。別作掬非。居六切，文
二。

言「又作」如：

圅 圅，舌也，象形，舌體弓弓。或作肣同，又作函，亦筆迹小
異。別作圅非。胡男切。

宖 宖，汙衺下也，从穴瓜，烏瓜切。又作窳，以主切，汙窬也。
別作窊非。

〔註70〕胡樸安著：《中國文字學史》，頁118。

「正篆」、「或作」、「又作」三大類爲《復古編》字級中第一級字，是張有心中最好的字體。

（二）第二級——既非《說文》正字，又非時俗所亂之訛字

此類字級囊括除「正字」、「譌字」外的各種字，包含「俗、通、今、古、籀、隸」六種字，各舉例如下：

1、俗字：

 䨮，凝雨說物者，从雨彗，隸作雪俗，相絶切。

2、通字：

 媮，巧黠也，从女俞，通用愉。別作偷非。託矦切。

3、今文：

 酢，醶也，从酉乍，倉故切。今作醋，音在各切。

4、籀文：

 ⿱卤米，嘉穀實也，从卤从米，籀文作⿱⿰卤卤米。別作粟非。相玉切。

5、古文：

 杶，木也，从木屯。或作櫄，古作杻。隸作椿，敕倫切。

6、隸書：

 ⿱𦍌鹵，鹹也，从鹵差省。隸作⿱差鹵。別作醝非。

在以上六類外，尚有出自《說文》新附字，原本即有正字可以代替，亦被視爲俗字，可置入此級字中。如：

 絜，麻一耑也，从糸㓞，一曰清也。或作潔俗。別作潔非。古屑切。」

《說文・水部》：「潔，瀞也，从水絜聲，古屑切。」「潔」爲《說文》新附字。張有以《說文》原有之「絜」爲正，視新附字「潔」爲俗別字，所以這也是第二級字的來源之一。

（三）第三級——直斥為「非」之譌字

凡是張有直言爲「譌」之字即是譌字，如：

 㤅，惠也，从心旡，古文作𢟪，篆文作㤅，从既省，今作悉，从旡譌，烏代切。

張有辨析「悉」與「㤅」二字，依篆形而言，「」上應作「」即「旡」，而

非「旡」。又如：

> 𣪊 段，椎物也，从殳耑省。今作叚，音古雅切，譌。

此舉「段」與「叚」字形相似而常誤。還有各種別體、異體中，張有言「非」
之字，此類被張有視爲訛誤、視爲錯字。有「別作某非」、「隸作某非」、「俗
作某非」、「今用某非」四種，舉例如下：

1、別作

此類是張有斥爲「非」而例字最多者，如：

> 龍 龍，大長谷也，从谷龍。別作谼非。盧紅切，文二。

> 龓 龓，兼有也，从有龍，又馬鞁也。別作鞲非。

除「別作」外，尚有「今別作某非」、「後人別作某非」等語，如：

> 聽 聽，聆也，从耳㥁壬，古者治官處謂之聽事。後人別作廳非。
> 他丁切，文二。

> 秅 秅，稻百二十斤也，从禾石。今別用石碩並非。常隻切。

2、隸作

> 彙 彙，虫似豪豬，从希胃省，作蝟同。隸作彙非。

> 細 細，微也，从糸囟。隸作細，从田非。思計切，文二。

3、俗作

> 曹 曹，獄之兩曹也，从曰从㯥。隸作曹，俗作曺非。昨牢切。

> 鄉 鄉，國離邑民所封鄉也，一曰對也，从𨛜皀。別作向北出牖也，
> 俗作嚮非。許亮切，又許良切。

4、今用

> 歎 歎，欲歠也，从欠渴。今用渴非。苦葛切，文二。

> 渴 渴，盡也，从水曷，又渠列切。今用竭非。竭，負舉也。

三、強烈辨析形似字之觀念

張有專心篆書，不妄下一筆畫，與擅以己意解字的王介甫曾一起論字，
但觀點不一，《研北雜志》記曰：

> 吳興張謙中善篆，因篆而深於字學，未嘗妄下一筆也。王介父聞而
> 致之，所論不契。〔註71〕

〔註71〕〔元〕陸友仁撰：《研北雜志》（北京：中華書局，1991 年），頁 144。

因爲注重篆書之字畫，所以不敢隨便下筆，凡運筆必當合於古法。這樣強烈的辨析形似字觀念，見於《復古編》中，除正文中正字以篆書字形直接隸定爲楷體外，附錄六類，皆表現出分析字形筆畫細微差異，如「筆迹小異」一類，當是舉出筆畫相近之篆形異體，如：

　　　　卪卪　卪，乎感切。
　　　　疒疒　疒，女启切。
　　　　禺禺　禺，牛具切。

由上列三例可看出非常細小的筆畫差異。又如「上正下譌」一類，甚至直接列出正確與錯誤寫法，以資比較，例如：

　　　　天天　天，他前切。
　　　　羽羽　羽，王矩切。
　　　　非非　非，甫微切。

「天」、「羽」、「非」《說文》正篆字形作「天」、「羽」、「非」，與張有所列正字字形相符，其中細微差異是正字與譌字筆畫的合筆或彎曲之別。胡樸安於《中國文字學史》曾曰：

> 周伯琦嘗謂張有失之拘，鄭樵過于奇，戴侗病于雜，乃著《六書正譌》，以「禮部韻略」分隸諸字，以小篆爲主，先注制字之義，而以隸作某，俗作某，辨別于下，亦有牽強之處，論者謂不無張有之《復古編》、李文仲之《字鑑》。〔註72〕

張有的辨析標準相當嚴謹，近乎苛求，所以有周伯琦這樣的批評，如同錢大昕在《復古編·跋》中稱讚張有辨字之精曰：

> 曩予與弟晦之論俗書之譌，謂儔當爲修，薩當爲薛，自矜剙獲，讀是編則謙中已先我言之，始信理之，是者，古人復起不能易也。
> 〔註73〕

綜上所述，辨析形似字觀念當是《復古編》所極度重視的。

　　視《說文》爲文字學之圭臬，乃因時代材料所限，所以一味以《說文》爲準，此確爲《復古編》之失，但參考《說文》作釋形、音、義的標準，當是循傳統文字學之正途，以《說文》爲基，上溯下衍文字之流變，建立文字

〔註72〕胡樸安著：《中國文字學史》，頁237。
〔註73〕〔清〕謝啓昆撰：《小學考》（臺北：藝文印書館，民國63年2月），頁354。

學之理論，此是《復古編》之得；嚴格區分字體之原則，是以正統《說文》為主，分辨俗用字與譌誤字，是爲當代混亂的文字使用，正本清源；強烈辨析形似字之觀念，是確定形近、聲近字應有的使用態度，因爲文字常因筆畫一誤，而致舛亂滋生。凡此三者，正是張有《復古編》影響後世最爲深切之處，亦是今日探求字樣學理之基石。

第四節　異體字

　　異體字之定義，歷來文字學家皆有不同看法，周祖謨以爲是「音義相同而寫法不同的字」〔註74〕，許師錟輝認爲義同「廣義的俗字」〔註75〕，裘錫圭則認爲：「異體字就是彼此音義相同而外形不同的字。」〔註76〕，曾榮汾師定爲：「異體字者，乃泛指文字於使用過程中，除『正字』，因各種因素，所歧衍出之其他形體而言。」〔註77〕施順生定義是「同一時期內同一個字的幾組不同的組成分子各別組合而成不同形體結構的字」〔註78〕，呂瑞生則云：「同一音字所產生之諸多文字形體中，異於正字形體者。」〔註79〕筆者綜合以上諸說，可將異體字界義爲「相對於正字，與正字同音、同義、殊形之字」。

壹、形成原因

　　異體字形成的原因，曾榮汾師分爲創造自由、取象不同、孳乳類化、書寫變異、書法習慣、訛用成習、諱例成俗、政治影響、方俗用字、行業用字等十一種，其他學者如蔣善國《漢字學》〔註80〕、河永三《漢代石刻文字異體字與通假字研究》〔註81〕，亦曾對異體字的形成，提出不同見解，而呂瑞

〔註74〕周祖謨著：〈漢字與漢語的關係〉，《問學集》（臺北：知仁出版社，民國65年12月），頁13。

〔註75〕許師錟輝著：《字彙補》（國科會專題研究成果報告，民國85年12月），頁21。

〔註76〕裘錫圭著：《文字學概要》（北京：北京商務印書館，2001年7月），頁205。

〔註77〕曾榮汾師著：《字樣學研究》，頁120。

〔註78〕施順生著：《甲骨文異體字研究》（臺北：中國文化大學中國文學研究所碩士論文，1992年6月），頁2。

〔註79〕呂瑞生著：《字彙異體字研究》（臺北：中國文化大學中文研究所博士論文，民國89年6月），頁43。

〔註80〕蔣善國著：《漢字學》（上海：上海教育出版社，1987年8月），頁84～90。

〔註81〕河永三著：《漢代石刻文字異體字與通假字研究》（臺北：政治大學中國文學研究所博士論文，民國83年6月），頁47～79。

生更歸納出三大類影響異體字滋生的原因：一是文字構造法則之影響；二是
文字書寫變化之影響；三是人為觀念之影響〔註82〕。參考以上諸說，可將《復
古編》中異體字形成之因素，分為幾點說明：

一、隸　變

首先要釐清「隸定」、「隸變」兩個概念，蔡信發師云：

> 所謂隸定，即將篆文（小篆）寫成隸書，而使它定型。這就叫「隸
> 定」。〔註83〕
>
> 所謂隸變，即篆文經隸書的轉寫而使它形體發生變化，這就叫「隸
> 變」。〔註84〕

意即由篆文寫成隸書時，因為「隸變」所致，所以有些字形會變化，異於篆
形。《復古編》正字多是直接由篆型「隸定」而成，其他被張有視為別體俗字，
甚至直斥為非的字形，許多是因「隸變」而與正字相異。「隸變」時，形體又
有四種不同的變化，如下：

（一）增　益

此類由篆體轉寫為隸書時，在形體上有所增益，遂成為兩個不同的字形，
如：

1、 「潮」隸為「潮」，增益「月」。
2、 「薔」隸為「薔」，增益「工」。
3、 「疴」隸為「痾」，增益「阝」。
4、 「珡」隸為「琴」，增益「ㄅ」
5、 「徝」隸為「聳」，增益「止」。

（二）減　省

此類由篆書轉寫為隸書時，減省了部分形體或筆畫，而成為兩個字，如：

1、 「罟」隸為「罘」，減省「口」。
2、 「衞」隸為「衛」，減省「帀」。
3、 「嬰」隸為「夏」，減省「臼」。

〔註82〕 呂瑞生著：《字彙異體字研究》，頁74～115。
〔註83〕 蔡信發師著：《說文答問》（臺北：臺灣學生書局，民國93年9月），頁28。
〔註84〕 蔡信發師著：《說文答問》，頁29。

4、𣥖　「徣」隸爲「徍」，減省「㞢」。

5、𣌢　「𣌢」隸爲「香」，減省「余」。

（三）變　體

此類由篆書轉換爲隸書時，整個字形改變，成爲兩個不同的字形，如：

1、�　「夳」隸爲「幸」，字形不同。

2、𤕨　「𤕨」隸爲「彙」，字形不同。

3、𣏟　「枕」隸爲「椿」，字形不同。

4、𤳙　「𤳙」隸爲「曹」，字形不同。

5、𣢆　「歒」隸爲「飲」，字形不同。

（四）變　位

此類由篆書轉化爲隸書時，形體字根不變，只是字根位置改變或倒反，僅有二例。第一例見於附錄「聯緜字」中，第二項方見於正文中，如下：

1、𤏻　直依篆形「𤏻」應隸爲「烌」，但隸書作「秋」。

2、𡳾　尾，微也，从倒毛在尸後。隸作尾，从正毛字，無斐切，文二。

祺謹按：影宋本、元刻本之正字、隸字皆作「尾」，未區分正、反毛。不過，若依注所言「从倒毛在尸後」，應是「𡳾」之倒反「𡳾」再加上「尸」，字形作「𡳾」，而隸作「尾」是从「𡳾」，也就是正寫的「毛」字。

二、通　假

段玉裁《說文解字注・敍》：

> 大氐假借之始，始於本無其字；及其後也，既有其字矣，而多爲假借；又其後也，且至後代譌字亦得自冒爲假借。博綜古今，有此三變。

段氏云假借字有三，分別是「無本字假借」、「有本字假借」、「譌字假借」，其中已有本字，借用音近或音同之字的有本字假借，亦稱同音通假，正好可以說明《復古編》中部分異體字的來源，例如：

（一）𣱛　气，雲气，象形。或作氣，饋客芻米也。別作炁非。去旣切。

祺謹按：氣《說文》本義作「饋客之芻米」，作爲「雲气」解，乃是「气」之假借，因二字古同音。

（二）𥿋　精，擇也，从米靑，又目童也。別作睛非。子盈切。

祺謹按：《廣韻・平聲・十四清》：「精，明也、正也、善也、好也。《說文》曰：『擇也。』《易》曰：『純粹精也。』子盈切，十五」〔註85〕，同「精」目下「睛」字云：「睛，目珠子也」〔註86〕又《廣韻・上聲・四十靜》：「睛，䁙睛不悅目皃，出《字林》，又音精」〔註87〕張有視「精」有「擇也」、「目童也」二義，斥《說文》無之「睛」爲非，然據《廣韻》可知，睛、精同音「子盈切」，若「睛」作「精」用，可謂同音通假。

（三）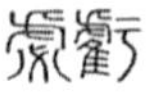 虙虧，古帝号。虙，虎皃，从虍必，房六切。虧，气損也，从于雐，虛宜切。別作伏犧非。虧或用羲同。

祺謹按：此例見於聯緜字類中。《廣韻・入聲・一屋》：「虙，古虙犧字，《說文》云：『虎皃』。又姓，虙子賤是也。」〔註88〕《廣韻・入聲・一屋》：「伏，匿藏也……房六切，三十三。」虙、伏均爲房六切，二字同音，故「虙」通假爲「伏」。

三、錯別字

所謂錯別字，係指錯字與別字，錯字是字形錯誤的字，別字是因形音相似而寫錯的字，統言稱爲錯別字，例如：

（一） 炁，惠也，从心旡，古文作㤅，篆文作炁，从既省，今作炁，从旡譌，烏代切。

祺謹按：若依篆形「」，上部應作「」（旡），是从「」省而來，音ㄐㄧˋ，但譌作「」（先），音ㄗㄢ。

（二） 段，椎物也，从殳耑省。今作叚，音古雅切，譌。

祺謹按：依篆形「」，是「」之省作「」，再加上「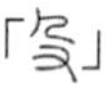」（殳）而成。「叚」篆形作「」，與「」形近而誤。

四、字義分化而成後起形聲字

原用一個字記錄兩個語義，後爲區別不同語義，遂用兩個或兩個以上的字分化字義，此類多爲後起形聲字，例如：

〔註85〕〔宋〕陳彭年等著：《新校宋本廣韻》（臺北：洪葉文化出版公司，2005年9月），頁190。

〔註86〕同上注。

〔註87〕〔宋〕陳彭年等著：《新校宋本廣韻》，頁319。

〔註88〕〔宋〕陳彭年等著：《新校宋本廣韻》，頁453。

（一）䩼　勤，勞也，从力堇。別作懃，从心非。

祺謹按：《說文》「勤」釋爲「勞也」，如《詩經・周頌・賚》：「文王既勤止，我應受之。」；「懃」未見於《說文》，《廣韻・上平聲・二十一欣》釋爲「慇懃」〔註89〕。即爲區分勞也、慇懃二義，乃新造「懃」，是勤加上心而成。

（二）然　然，燒也，从火狀。別作燃非。如延切。

祺謹按：《說文》「然」釋爲「燒也」，如《詩經・邶風・終風》：「終風且霾，惠然肯來。」；《廣韻・下平聲・二仙》：「然，語助又如也是也。《說文》曰：『燒也』，俗作燃。」所以，爲了區分燒也、語助二義，故「然」新加火爲「燃」。

（三）它　它，虫也，象形。或作佗，負何也。別作他，从人也非。

祺謹按：《說文》「它」釋爲「虫也」，或作「佗」；《廣韻・下平聲・七歌》：「佗，非我也……。」〔註90〕同韻目下「他，俗今通用」〔註91〕。據上可知，爲區分虫也、非我也二義，故「它」新加人爲「佗」，且「佗」後漸與「他」混用。

五、書寫變異

文字於書寫時筆畫有所變化，即爲此類，多見於隸書之書寫變異，如以下：

（一）賴　賴，贏也，从貝剌。別作賴頼𡧑非。洛帶切，文三。
祺謹按：「賴」隸書作「賴」（劉雄碑）。

（二）葢　葢，苫也，从艸盍。俗作从去非。古太切，文二。
祺謹按：「葢」隸書作「蓋」（桐柏廟碑）。

六、聲符替換

此類形符不變，唯聲符替換，而爲殊字，如：

（一）䇳　䇳，籥也，从竹朵。別作撾檛𡧑非。陟瓜切。
祺謹按：䇳，从竹、朵聲。《類篇・竹部》：「䇳，張瓜切……。」〔註92〕；

〔註89〕〔宋〕陳彭年等著：《新校宋本廣韻》，頁112。
〔註90〕〔宋〕陳彭年等著：《新校宋本廣韻》，頁160。
〔註91〕同上注。
〔註92〕〔宋〕司馬光等撰：《類篇》，收入《中華漢語工具書書庫》冊2，頁167。

《類篇・手部》:「撾，張瓜切，擊也，文一。」〔註93〕《類篇・木部》:「檛，莊華切，馬仗。又張瓜切，箠也，文一，重音一。」〔註94〕據以上，簻、撾、檛皆張瓜切，三者異體關係爲聲符之替換。

（二）鮏，魚臭也，从魚生。別作鯹非。

祺謹按：鮏，从魚、生聲。《廣韻・平聲・十五青韻》:「鮏，《說文》:『魚臭也』；鯹，上同。」〔註95〕據以上，鮏、鯹皆桑經切，二者異體關係爲聲符之替換。

七、形符替換

此類聲符不變，唯形符替換，而成不同字，可分爲部首不同與字根不同二類，多因形體相似而替換，如下：

（一）部首不同

1、泮，諸侯鄉射之宮，一曰氷釋也，从水半。別作冸，从仌非。

祺謹按：泮爲水部，冸爲仌部，二者部首「氵」、「仌」形近。

2、校，木囚也，从木交。別作較者非。古孝切。

祺謹按：校爲木部，較爲車部，二者部首「木」、「車」形近。

（二）字根不同

1、朵，樹木垂朵朵也，从木象形。別作朶，从乃非。丁果切。

祺謹按：朵、朶皆爲木部，爲「几」、「乃」之不同。

2、⿰丑女，人姓也，从女丑。《商書》曰：無有作⿰丑女。呼到切。別作好，呼皓切。

祺謹按：⿰丑女、好皆爲女部，爲「丑」、「子」之不同。

八、造字方法不同

中國文字之造，約可以六書概括，但不同的、人、時、地所造之字皆不同，所以同一個字，可能會有不同的方法去創造，如以下二例：

（一）斗，十升也，象形，有柄。別作㪷抖陡蚪⿰立斗非。當口切。

祺謹按：「斗」，象形，表示有柄的器具；「㪷」，从豆、斗聲，是爲形聲

〔註93〕〔宋〕司馬光等撰：《類篇》，收入《中華漢語工具書書庫》冊2，頁445。
〔註94〕〔宋〕司馬光等撰：《類篇》，收入《中華漢語工具書書庫》冊2，頁205。
〔註95〕〔宋〕陳彭年等著：《新校宋本廣韻》，頁195。

字。兩者造字法不同。

（二）🈂️ 🈂️，相詐惑也，从反予。隸作幻，胡辦切。

祺謹按：「🈂️」爲獨體指事，「🈂️」則由「🈂️」顛倒而成，表示詐惑騙人之義，是變體指事，再隸省作「幻」。據此，「🈂️」、「🈂️」皆爲指事字，造字法相同，但方式略異，一爲獨體、一爲變體。

貳、諸家分類

諸家學者對於「異體字」的分類，因看法不同，分類也各有不同。許師鋩輝曾歸納《字彙補》俗字，分爲十二種類型：

1、偏旁形變例。（此下再細分四十四小類。）

2、偏旁通用例

3、改易聲符例

4、增益形符例

5、增益聲符例

6、變易部件之部位例

7、形符重疊例

8、以假借字爲俗字例

9、符號替代例

10、另造新字例

11、方國俗字例

12、其他——正字未詳，蓋後出。〔註96〕

許師分類甚詳，但乃專對《字彙補》一書。周祖謨〈漢字與漢語的關係〉分七類：

1、古今字的不同

2、表音表義的不同

3、形旁的不同

4、聲旁的不同

5、結構成份的不同

6、偏旁有無的不同

〔註96〕許師鋩輝著：《字彙補俗字研究》（國科會專題研究成果報告，民國 85 年 12 月），頁 52～59。

7、筆畫的不同〔註97〕

僅此七類，稍顯簡略。裘錫圭《文字學概要》則分異體字爲八大類：

1、加不加偏旁的不同

2、表意、形聲等結構性質上的不同

3、同爲表義字而偏旁不同

4、同爲形聲字而偏旁不同

5、偏旁相同但配置方式不同

6、省略字形一部份跟不省略的不同

7、某些比較特殊的簡體跟繁體的不同

8、寫法略有出入或因訛變而造成不同〔註98〕

概分異體字爲八類，仍無法全面掌握異體字。張涌泉則細分異體字爲十三大類、二十八小類，其十三大類爲：

1、增加意符

2、省略意符

3、改換意符

4、改換聲符

5、類化

6、簡省

7、增繁

8、音近更代

9、變換結構

10、異形借用

11、書寫變異

12、全體創造

13、合文〔註99〕

另外，梁東漢則分爲十五類，如下：

1、古今字

2、義符相近，音符相同或相近

〔註97〕周祖謨著：〈漢字與漢語的關係〉，《問學集》，頁 13～23。

〔註98〕裘錫圭著：《文字學概要》，頁 205～208。

〔註99〕張涌泉著：《漢語俗字研究》（長沙：岳麓書社，1995 年），頁 46～105。

3、音符的簡化

4、重覆部分的簡化

5、筆畫的簡化

6、形聲字保存重要的一部份

7、增加音符

8、增加義符

9、較簡單的會意字代替較複雜的形聲字

10、簡單的會意字代替結構複雜的形聲字

11、義符音符位置的交換

12、新的形聲字代替舊的較複雜的形聲字

13、假借字和本字并用

14、重疊式和并列式并用

15、書法上的差異〔註100〕

　　除大陸學者頗有見地外，臺灣學者亦提出不少關於異體分法的看法，如孔仲溫在《玉篇俗字研究》中分五大類、十小類，乃依孳生方式歸納，其五大類如下：

1、簡省

　　（1）省形

　　（2）省聲

2、增繁

　　（1）增形

　　（2）增聲

3、遞換

　　（1）換形

　　（2）換聲

　　（3）形聲互換

4、訛變

　　（1）變形

　　（2）變聲

〔註100〕梁東漢著：《漢字的結構及其流變》（上海：上海教育出版社，1959年2月），頁63～69。

（3）形聲皆變

5、複生〔註101〕

孔氏細分異同，歸納頗詳。曾榮汾師則分三大類、十八小類。分類如下：

1、形體變化類

　（1）省形

　（2）簡化

　（3）益化

　（4）繁化

　（5）筆畫稍異

　（6）變形

　（7）部件移易

　（8）部首形近混用

　（9）部件形近混用

2、字構變化類

　（1）構字意符代換

　　a、代換意符與原意可通

　　b、代換意符與原意不可通

　（2）形聲偏旁假借

　（3）因字義添益部首

　（4）後起會意字

　（5）後起形聲字

3、其他類

　（1）類化字

　（2）通假字

　（3）新生字〔註102〕

呂瑞生則在曾師等人的基礎上，簡約分作六大類如下：

1、形體變化類

2、結構變化類

〔註101〕孔仲溫著：《玉篇俗字研究》（國科會專題研究成果報告，民國 85 年 12 月），
　　　　頁 53～99。

〔註102〕曾榮汾師著：《字彙俗字研究》（國科會專題研究成果報告，民國 85 年 12 月），
　　　　頁 39～42。

　　3、書體變化類

　　4、部件變化類

　　5、古今字類

　　6、區域異體類〔註103〕

　　以上諸說，細察分類名稱，雖取義面向不同、用字有異，然各家分類或依「結構」，或依「時代」，實爲層面的不同。研究異體字者，則必須依循這兩大層次切入探討，方能切中要點。

參、《復古編》異體字之釋例分析

　　今以呂瑞生《字彙異體字研究》所分六類爲原則，參照諸家學者之說，分析《復古編》所見之異體字類型，如下：

一、形體變化類

　　此類字多是正字形體發生或增、或減、或變的變化而產生，但不影響文字結構，多是書寫時筆跡之差異所致，可分以下七類：

　　（一）益　形

　　此類異體字，較正字增益字形，而不涉文字形構，如：

　　1、𠕛　肉，隸作肉俗。（增益「宀」形）

　　2、寃　冤，俗作寃非。（增益「丶」形）

　　（二）省　形

　　此類異體字，較正字減省字形，而不影響構字本義，如：

　　1、欙　欙，別作㮊非。（減省「畾」形）

　　2、樣　樣，別作樣非。（減省「丶」形）

　　3、鑿　鑿，別作鑿非。（減省「丨」形）

　　4、劇　劇，別作劇非。（減省「ㄥ」形）

　　（三）變　形

　　此類異體字，較正字筆畫稍作改變，如：

　　1、梟　梟，俗作梟，從几非。（「几」變形爲「几」）

　　2、秀　秀，別作秀，從乃非。（「几」變形爲「乃」）

3、ㄅ　　刀，別作刁非。（「丿」變形爲「〆」）

4、舀　　舀，別作臿非。（「臼」變形爲「臼」）

（四）移　形

此類異體字，較正字改變字根之位置，見於書中附錄，如：

1、由內外移至左右：裹袍（形相類）

2、由上下移至左右：搴拱（形聲相類）

3、左右互換：烋秋（聯緜字類）

（五）合　形

此類異體字，字形爲正字中分離之字根所合成，如：

1、羿　　羿，別作羿非。（「开」合形而爲「卄」）

2、葉　　葉，別作棄非。（「开」合形而爲「天」）

3、巢　　巢，別作巢非。（「臼」合形而爲「日」）

（六）部首訛形

此類異體字部首與正字部首相近似，遂混用而成異體，如：

1、彳辶之別：徼邀、假遐、徧遍、徑逕

2、木手之別：攢欑、橫橫、札扎、押枒

3、木耒之別：櫌耰、桁耕、槈耨

4、木舟之別：艤檥、艣艣、艦艦

5、木巾之別：椻幄

6、木人之別：杖仗

7、水仌之別：洌冽

8、竹艸之別：箸著

（七）字根訛形

此類異體字字根與正字字根相似，遂混用而成異體，如：

1、百白之別：洦泊、栢栢

2、童重之別：董董、瞳疃、衝衝

二、結構變化類

此類字多是正字之字形結構發生變化，包含形符、聲符等。可分以下六
類：

（一）聲符音近而換

此類以聲音相同或相近之新聲符，替換舊聲符，例如：

1、曳世音近：詍詍、泄洩、拽拽、愧恈

2、句瞿音近：鴝鸜、斪斸、趜趉

3、面丏音近：緬絇、靦靻、恼恓

（二）形符義近而換

此類以意義相近之新義符，替換舊義符，例如：

1、言口義近：謓嗔、嘵嗟、詌喃

2、鳥佳義近：鴟雎、鶃鱀

3、齒口義近：齩咬

4、米黍義近：粻黐

5、土阜義近：墉隔

（三）為字義增部首：

此類增添與正字字義有關之部首，例如：

1、增加心部：勤懃。「勤」已有「慇懃」之義，再添心部，增加語義。

2、增加火部：然燃。「然」已有「燒也」之義，再添火部，增強語義。

3、增加土部：堊堙。「堊」已有「土地」之義，再添土部，加強語義。

（四）形聲偏旁假借

此類形符不變，唯聲符取另一與正字聲符同音者替換，如：

1、矜穜

祺謹按：《廣韻·下平聲·二十一侵》「今」作「居吟切」〔註104〕；《廣韻·上聲·十九隱》「堇」作「居隱切」〔註105〕，「今」、「堇」二者音近，故矜穜二字聲旁同音假借。

2、渦渦

祺謹按：《廣韻·去聲·三十九過》「過」作「古臥切」〔註106〕；《廣韻·上平聲·十三佳》「咼」作「苦緺切」〔註107〕，「過」、「咼」二者音近，故渦咼二字聲旁同音假借。

〔註104〕〔宋〕陳彭年等著：《新校宋本廣韻》，頁220。
〔註105〕〔宋〕陳彭年等著：《新校宋本廣韻》，頁279。
〔註106〕〔宋〕陳彭年等著：《新校宋本廣韻》，頁420。
〔註107〕〔宋〕陳彭年等著：《新校宋本廣韻》，頁93。

3、茅茆

祺謹按：《廣韻・下平聲・十八尤》「矛」作「莫浮切」〔註108〕；《廣韻・上聲・三十一巧》「卯」作「莫飽切」〔註109〕，「矛」、「卯」二者音近，故茅茆二字聲旁同音假借。

（五）後起形聲字

此類取與正字相關之形符，再取正字相近之聲符，二者合為新的形聲字，如：

1、萼花

祺謹按：萼花皆艸部，形符之義相關；「琴」大徐本《說文》作「況于切」〔註110〕，「花」《廣韻・去聲・四十禡》作「呼霸切」〔註111〕，「琴」、「化」音近。據上可知，花為萼之後起形聲字。

2、胑肢胑

祺謹按：《說文・肉部》：「胑，體四胑也。从肉，只聲。肢，胑或从支。」「體四胑」意即身體四肢，與身體相關，故胑、肢、胑三者形符義相關；《廣韻・上平聲・五支》「支」、「只」音同，皆作「章移切」〔註112〕。據上可知，據上可知，胑為胑、肢之後起形聲字。

（六）簡化形構：

此類簡化某些字根而成，可能是「隸變」或「隸減」所致，例如：

1、㯍，隸變為「槱」。三個重覆的「晶」簡省為一個「田」。

2、厵，篆省為「原」。三個重覆的「蟲」簡省為一個「泉」。

三、書體變化類

文字於書寫時筆畫有所變化，即為此類，多為隸書之書寫變異，如以下：

（一）巢巢：「巢」直依篆形隸定為「巢」，《復古編》釋為正字，而隸書作「巢」。

（二）賴賴：「賴」直依篆形隸定為「賴」，《復古編》釋為正字，而隸書作「賴」。

〔註108〕〔宋〕陳彭年等著：《新校宋本廣韻》，頁 211。

〔註109〕〔宋〕陳彭年等著：《新校宋本廣韻》，頁 299。

〔註110〕〔東漢〕許慎撰；〔宋〕徐鉉校定：《說文解字》，頁 128。

〔註111〕〔宋〕陳彭年等著：《新校宋本廣韻》，頁 423。

〔註112〕〔宋〕陳彭年等著：《新校宋本廣韻》，頁 211。

（三）葢蓋：「葢」直依篆形隸定爲「葢」，《復古編》釋爲正字，而隸書
作「蓋」。

四、其他類

（一）字根類化

此類因爲隸變而致類化，例如：

宰牢。篆形「鼎」爲「宆」（冬）省去「仌」，再加上「半」；至隸
書時，由「宆」省之「宀」，已與「宀」（宀）類化。

（二）古今字

首先要先釐清古今字，蔡信發師對於古今字的看法有十點，如下：

1、古今字由古今人用字不同而產生

2、古今字一定和聲音有關

3、古今字轉注孳乳

4、古今字由假借造成

5、古今字由俗用滋生

6、古今字和意義或有關或無關

7、古今字不限於一古一今二字

8、古今字和不同書體有關

9、古今字並非一成不變

10、古今字會隨時增加〔註113〕

符合此十點者爲「古今字」，但蔡師所言「古今字」，義不等同於異體字。呂
瑞生則自「古今字」起源開始釐清，其云：

古今字本爲鄭玄注解古今文本經文之訓詁用語，鄭氏並未給予清楚
定義。而段玉裁則將「古今字」理解爲「同音異字而在不同時間下，
用以表示同一意義之字，其中時間在前者爲古字，而時間在後者爲
今字。」……自異體字觀察「古今字」，並不以段氏觀念出發，而是
從徐灝對「古今字」之第一種定義，即「造字相承增偏旁」角度立
論。〔註114〕

呂氏所言條理清晰。據其說，可知「古今字」從訓詁用語、一種文字使用現

〔註113〕蔡信發師著：《訓詁答問》（臺北：臺灣學生書局，民國93年9月），頁114
～115。

〔註114〕呂瑞生著：《字彙異體字研究》，頁108。

象，至徐灝定爲「造字相承增偏旁」，此類方才與「異體字」相關聯。《復古編》中之「古今字」例如：

1、杶杻：杻爲古，杶爲今。

2、洟涕：洟爲古，涕爲今。

3、磺丱：丱爲古，磺爲今。

4、鵬鳳：鵬爲古，鳳爲今。

5、伈信：伈爲古，信爲今。

6、敺驅：敺爲古，驅爲今。

7、顐脣：顐爲古，脣爲今。

8、厈厂：厈爲古，厂爲今。

9、酢醋：酢爲古，醋爲今。

綜合以上，可知《復古編》中所包含之異體字類型，可歸納爲「形體變化」、「結構變化」、「書體變化」與「其他」四大類。「形體變化類」可再細分爲益形、省形、變形、移形、合形、部首訛形與字根訛形七種；「結構變化類」又可細分爲聲符音近而換、形符義近而換、爲字義增部首、形聲偏旁假借、後起形聲字與簡化形構六種；其他類則可分爲字根類化與古今字二種。

肆、《復古編》之異體字例與觀念歸納

異體字例之建構與觀念歸納，是一部字書重要的文字學理論所在。以下即據前面所分析之《復古編》異體字分類作說明。

一、異體字例

何謂「異體字例」？即指「異體字中常見之演變例」〔註115〕明言之，就是把文獻裡的各種異體，將偏旁變化相同的字類作整理，梳理出各異體間的變化規則。好比《干祿字書·序》所言「偏旁同者，不復廣出」。《復古編》中有類似這樣的整理，但僅有三例，如下：

波，行水也，从攴，从人水省。別作攸，从丨非。修等字皆从攸。

采，捋取也，从爪在木上。俗作彩綵，竝當用采。別作採非。倉宰切。

〔註115〕呂瑞生著：《字彙異體字研究》，頁117。

牀　　　牀，安身之坐者，从木爿。爿則𠂆之省。至於牆、壯、戕、
　　　　狀之屬並當从牀省。別作床非。仕莊切。

由此可知，張有應有「異體字例」的初步概念，但未全部付諸實行於《復古
編》中。不過，若將《復古編》正文與附錄之「形相類」、「形聲相類」作整
理分類，可循《干祿字書》作出部分「異體字例」，如下：

　　1、凡从木者，異體常作扌
　　2、凡从木者，異體常作禾
　　3、凡从竹者，異體常作艹
　　4、凡从日者，異體常作白
　　5、凡从日者，異體常作目
　　6、凡从走者，異體常作足
　　7、凡从宀者，異體常作穴
　　8、凡从𡵪者，異體常作艸
　　9、凡从彳者，異體常作辵

以上所舉之九例，是《復古編》正、異體間最常出現之「異體字例」。可有時
會因正字定義不同而作改變，如「抗」作正字時，則从木者「杭」即爲異體，
以此類推。

二、異體字觀

　　《復古編》已有異體字觀念之建構，只是未成理論，然依書中字例，可
歸納分析出以下幾點：

（一）嚴謹之正字標準

　　全書一以貫之的正字標準——凡視爲正字者，必見於《說文解字》。合乎
《說文》者，則形、音、義多採《說文》之說，不擅加改動，目的在於辨析
那些非出自古本《說文》的異體字，務求使用符合文字源流的「正字」。

（二）初步異體字例之建構

　　書中僅有「波」、「𥝥」、「牀」三字下有異體字例之呈現，分析如下：

　　　1、波　波，行水也，从攴，从人水省。別作攸，从丨非。修等字皆
　　　　　　从攸。

　　祺謹按：「波」中間一豎應爲「人」省，非从「丨」。「修」這一類的字都
應像「波」，中从「人」省。

2、采　采，捋取也，从爪在木上。俗作彩綵，竝當用采。別作採非。
　　倉宰切。

　　祺謹按：「采」是「爪」加「木」，俗人常用的「彩」、「綵」之類，都應
从「采」。張有此說乃是依循徐鉉之說。

3、牀　牀，安身之坐者，从木爿。爿則疒之省。至於牆、壯、戕、
　　狀之屬竝當从牀省。別作床非。仕莊切。

　　祺謹按：「牀」是「疒」省之「爿」，再加上木而成，牆、壯等字偏旁「爿」，
都要作「牀」之省。張有否定「床」，應是否定「疒」隸變爲「广」，認爲這
是訛誤。

　　可惜張有未如《干祿字書》建立完整的《復古編》「異體字例」。若能，
則辨似相似字組時，方能舉一反三，便於考釋與確認異體字。

（三）區分字體概念

　　《復古編》書中有嚴格的區分字體概念，除正字外，異體字可分爲二：
一類是未言非的所有異體，包含別體、俗體、隸書等；另一類言非，則被張
有視爲譌字，這類是《復古編》中比例最大的異體字。

（四）保存異體

　　《復古編》中之劃分正、異體之標準雖然相當嚴謹，正字必定要見於《說
文》之中，其他非出於古本《說文》的異體，多駁爲「非」，僅有少部分俗
體、隸書未言非。然換個角度而言，雖張有如此嚴厲地批評別體譌誤，全心
復《說文》之古，但其實他仍有保存異體的功勞，因爲被張有斥爲「非」之
類，仍存於《復古編》之中，於記錄宋代文字與語言之上，頗有功勞

　　誠如以上所言，《復古編》有「嚴謹之正字標準」、「初步異體字例之建
構」、「區分字體概念」、「保存異體」四樣重要的異體字觀念。曾榮汾師《字
樣學研究》曾云：

　　　又如「佩觿」、「復古編」、「字彙」等書，皆於異體整理理論上，已

　　　頗思建立系統，此種理論之創發，於字樣學中最是珍貴。〔註116〕

曾師所言極是，張有《復古編》於異體整理之努力，對字樣學是有相當程度
的貢獻，爲後人於異體字之研究，提供了豐富的歷史材料與觀念，當是將字
樣學的發展，向前邁了一大步。

〔註116〕曾榮汾師著：《字樣學研究》，頁78。